Chiapas: la guerra de los signos

Chiapas: la guerra de los signos

DEL AMANECER ZAPATISTA DE 1994 A LA MASACRE DE ACTEAL

JULIO MOGUEL

EDICIONES

Juan Pablos Editor
La Jornada Ediciones
México, 1998

CHIAPAS: LA GUERRA DE LOS SIGNOS
Julio Moguel

Primera edición, 1998

© Juan Pablos Editor, S.A.
    Mexicali 39, México 06100, D.F.

ISBN 968-6454-80-2

Índice

A la *subcomandante* Mariana,
en sus 14 años de vida

Presentación
Chiapas: la guerra de los signos

El 1 de enero de 1994, en la madrugada, un ejército popular que se ha formado en la clandestinidad durante diez años toma la palabra a través del uso de las armas. El mundo se sorprende con la primera rebelión indígena en su género: atravesando el túnel de la noche, la movilización se extiende en horas sobre diversos puntos de Los Altos y La Selva. No menos de cinco mil indios armados se posesionan de las cabeceras municipales de Ocosingo, Las Margaritas, Altamirano; también de la ciudad de San Cristóbal de las Casas. Ocupan a la vez diversas poblaciones, como Huiztán, Chanal, Oxchuc, Abasolo, Chalam y San Andrés Larráinzar. Una parte de la milicia popular se mantiene en reserva, en el espacio de la selva, cubriendo la retaguardia en espera de entrar en acción, por si acaso. Otros tantos miles de indígenas no armados, hombres y mujeres, apoyan directa e indirectamente las acciones. La mayoría de los alzados usa pasamontañas por el frío; en menor medida aún como una forma de anonimato. Más adelante este recurso se afirmará sobre todo como una fórmula de identidad y de mensaje.

El 12 de septiembre de 1997, mil 111 indígenas zapatistas arriban a la ciudad de México. No llegan a negociar ni a buscar una interlocución con el Tlatoani. Hay aquí una "inversión" en los términos en que tradicionalmente se pensaba y llevaban a término las movilizaciones a la Metrópoli. El EZLN viene más bien a establecer una fértil comunicación con la sociedad civil de la gran urbe, y a platicar con los pueblos representados en el Congreso Nacional Indígena (CNI). También acompañan el

13

surgimiento del Frente Zapatista de Liberación Nacional (FZLN). La ciudad de México no es la misma que cuatro años antes: la capital ya es cardenista y vive las celebraciones septembrinas, el tiempo más caro de la patria.

En el marco de la comunión referida con sus hermanos del FZLN y del CNI, el EZLN construye sobre el asfalto el espejo más grande de que se tenga memoria: en éste se reflejan los actores sociales y políticos de la ciudad y del país, quienes dicen su palabra. Con él se logra el efecto de desnudar al Monarca o a los visitadores asiduos de la corte, tanto como el de mostrar y revalorar los contornos precisos del poder verdadero (el de la sociedad civil, el del mundo indígena, el del pueblo). Por ello es que todos se obligan a "decir su palabra", aunque algunos lo hacen con el silencio.

El espejo gigantesco logra a la vez la universalización de la exigencia: no es un núcleo, fracción o fuerza indígena determinada la que dice y grita que no se han cumplido los acuerdos de San Andrés y que en Chiapas y en otros lugares del país hay un proceso extremo de militarización y de violación de los derechos humanos más elementales. Es la denominada sociedad civil y el mundo indígena —el poder verdadero— los que piden su turno y hablan. Los mil 111 zapatistas se convierten así en un eco repetido: el *uno* multiplicado al infinito.

Signo, símbolo, palabra. Con estos ingredientes mínimos los zapatistas tejen los hilos invisibles de complicidades e identidades colectivas diversas, en los territorios indígenas, en los pueblos campesinos, en la gran ciudad de México o en el mundo. Es la última gran revolución del siglo XX y la primera del XXI.

Este libro recoge una parte de los artículos que sobre esta *insurrección moderna de los signos* escribí entre 1994 y 1997 en el periódico *La Jornada*, con excepción de uno que apareció en el suplemento Ideas, de *Excélsior*, y otro que recogió Enfoque, de *Reforma*. En beneficio de la unidad del texto he modificado ligeramente algunas de sus partes, eliminando ciertas repeticiones y líneas que pensé serían incomprensibles leídas fuera de contexto. He agregado al final un documento titulado "momentos de la lucha zapatista", con el objetivo de ayudar al lector a ubicar, cuando así lo requiera, las fechas precisas de los acontecimientos así como algunos datos complementarios a los que ofrecen los propios artículos. Las deudas son enormes. El mundo indígena del zapatismo ofreció generosamente su palabra. En San Andrés Sacamch'en o en San Cristóbal de las Casas compartí ideas y debate con los asesores del EZLN. Pero quiero agradecer en particular a algunos de los amigos con los que tuve la oportunidad de reflexionar y discutir más de cerca sobre la importancia viva del movimiento indígena de Chiapas: Luis Hernández Navarro, Armando Bartra, Carlos Monsiváis, Rosario Robles, Carmen Lira, Ricardo Robles, Gerónimo "Jxel", Enrique Flota, Jorge Fernández Souza, Sergio Zermeño, Gustavo Esteva, Luis Villoro, Gilberto López y Rivas, Gabriela Sánchez, Raymundo Sánchez Barrasa, Magdalena Gómez y Adelfo Regino. Martha Quezada aportó una parte importante de su tiempo para la integración y revisión de los textos.

LA GEOPOLÍTICA
DE LA GUERRA

De la región al país

El año de 1982 marcó el cambio definido de rumbos. Pero en el periodo 1988-1993 (94) se agolpan y condensan las transformaciones cualitativas: las que dan cuenta de resultados epocales y de transformaciones sin retorno; las que marcan definidamente al país hacia el siguiente siglo, con nuestra entrada a la *modernidad teleciana* y la explosión de la violencia social —convertida en guerra de guerrillas o en guerra popular— en las tierras de Chiapas. Dos signos contradictorios y excluyentes, como si expresaran realidades totalmente distintas, ajenas entre sí en su apariencia por una distancia abismal; como si entre Chiapas y el resto del país se extendiera una enorme muralla de dimensiones infranqueables; como si el "todo Chiapas es México" del sexenio lopezportillista hubiera sido, en contra de su dimensión literal, el reconocimiento de la ajenidad y lejanía de las tierras indias del sureste.

La realidad es otra. "Todo Chiapas es México" debe ser leído en muchos sentidos dentro de su estricta connotación literal: el estallamiento de la violencia no puede ser explicado en exclusiva por la "contradicción interna" entre caciques-finqueros y sectores indio-populares, o por la particular reticencia de gobiernos locales a escuchar las demandas sociales más sentidas de poblaciones abandonadas. No es la visión dual del viejo indigenismo la que puede hoy dar cuenta del estallamiento de la guerra; tampoco cabe ahora el concepto de "colonialismo interno", por mucho que en la simple y llana extracción de recursos y excedentes de las tierras del sureste (piénsese por ejemplo en el petróleo, para sólo mencionar lo más significa-

19

tivo) se encuentre una razón sobrada para explicar la existencia de un amplio y generalizado descontento social.

Existe, por el contrario, una clara simbiosis orgánica de relaciones sociales y económicas que ligan a Chiapas (y a Oaxaca, Guerrero e Hidalgo, entidades que junto con Chiapas ocupan los más altos niveles de marginación) con el resto de México: la rebelión popular es resultado de la particular forma de articulación nacional de dichas relaciones en la época del neoliberalismo, y no sólo ni fundamentalmente expresión desbocada de sus contradicciones específicas e "internas". El Ejército Zapatista de Liberación Nacional (EZLN) dio, por ello, el mensaje preciso: inició su ofensiva el primer día del año I de la entrada de México a la *modernidad teleciana*, y no el 12 de octubre de 1993, cuando el mundo hubiera reconocido en la expresión armada del conflicto chiapaneco sólo o fundamentalmente las demandas y exigencias seculares de los indios.

Por ello es que la solución al conflicto de Chiapas no puede tener sólo una perspectiva regional. En el plano político muchos analistas ya han indicado el camino. En la dimensión social y económica pasa por cuestionar y transformar, del neoliberalismo, una concepción que separa o escinde las políticas de crecimiento y desarrollo de las que se tiene sobre las fuerzas del mercado, así como sobre la capacidad de los inversionistas privados para mover economía y sociedad.

Ello llevaría, entre otras líneas de cambio, a alterar en definitiva el rumbo marcado desde 1992 por las reformas agrarias (reformas al artículo 27 de la Constitución; promulgación de una nueva Ley Agraria, así como de Aguas y de Bosques), cuando se dio fin a toda política de reparto o e redistribución de la propiedad fundiaria (tan necesaria, por ejemplo, en el caso de Chiapas), se abrió el camino de la privatización de ejidos y comunidades y se puso un límite preciso a las posibilidades de una "vía campesina de desarrollo".

En lo social y en lo económico, la "solución al conflicto de Chiapas" pasa también por identificar y combatir las enormes desigualdades intrarregionales, así como la expoliación y explotación de recursos y de hombres de que es objeto el medio

20

rural (particularmente el indígena), en lo que un reconocido intelectual mexicano denominó en la década de los setenta como "acumulación originaria permanente". Pasa, por último, por la recomposición profunda de los tejidos sociales, no sólo ni fundamentalmente por la formación discrecional de "comités solidarios", sino por el reconocimiento de sujetos sociales activos que, pobres entre los pobres, ya han demostrado con creces su capacidad creativa y voluntad de cambio.

La Jornada, 11 de enero de 1994

El garabato

"La figura seis se construye dibujando un garabato", nos dice *Marcos* cuando habla de la "pieza 6" de su texto sobre el rompecabezas mundial, publicado por *Le Monde Diplomatique* en su feliz reaparición en México (*Le Monde Diplomatique* núm. 1, nueva época, distribuido entre los suscriptores de *La Jornada* el pasado 20 de junio). Las otras piezas del rompecabezas son: la primera, representada por un signo monetario: "La concentración de la riqueza y la distribución de la pobreza"; la segunda, construida dibujando un triángulo: "La globalización de la explotación"; la tercera, construida dibujando un círculo: "Migración, la pesadilla errante"; la cuarta, construida dibujando un rectángulo: "Mundialización financiera y globalización de la corrupción y el crimen"; la quinta, construida dibujando un pentágono: "¿La legítima violencia de un poder legítimo?"; la séptima, construida dibujando una bolsa: "Las bolsas de la resistencia."

"El garabato" consiste en que, dentro de la "estrategia de destrucción-despoblamiento y reconstrucción-reordenamiento" del neoliberalismo, opera, en un mismo ciclo o movimiento, la disolución de los estados nacionales dentro de las megápolis (primera tendencia), y "una o varios fracturas en los estados nacionales" (segunda tendencia). Tal es la paradoja de lo que el *subcomandante* califica como la IV Guerra Mundial: "hecha para eliminar fronteras y 'unir' nacionalidades, lo que va dejando tras de sí es una multiplicación de las fronteras y una pulveralización de las naciones que perecen en sus garras".

Por muy contradictorio que parezca, las dos tendencias referidas están íntimamente entrelazadas o son parte indisociable de la misma vía:

> se trata de una contradicción inherente al proceso de globalización [...]. La eliminación de fronteras comerciales, la universalidad de las telecomunicaciones, las superautopistas de la informática, la omnipresencia de los centros financieros, los acuerdos internacionales de unidad económica, en fin, el proceso de globalización en su conjunto produce, al liquidar los Estados Nacionales, una pulveralización de los mercados internos. Éstos no desaparecen o se diluyen en los mercados internacionales, sino que consolidan su fragmentación y se multiplican [...]. Sonará contradictorio, pero la globalización produce un mundo fragmentado, lleno de pedazos aislados unos de otros... Un mundo lleno de compartimentos estancos, comunicados apenas con frágiles puentes económicos [...]. Un mundo de espejos rotos reflejando la inútil unidad mundial del rompecabezas neoliberal.

Aprovecho el razonamiento del *subcomandante* para referirme a una línea de la política neoliberal que camina en el mismo sentido de las tendencias contradictorias señaladas, y que genera atomización y fragmentación en el ser unitario de las naciones dentro del mismo impulso y tendencias de la nueva fase de integración internacional. *El garabato* será, bajo esta óptica, producto de la desarticulación y atomización de los mercados internos, pero también y sobre todo de la construcción de una nueva lógica capitalista de regulación del mercado laboral, de una nueva estrategia para controlar y administrar a los pobres y, con ello, de una nueva manera de enfrentar y tratar de liquidar "las resistencias".

Una nueva forma de regular el mercado laboral

La estrategia neoliberal requiere desmontar el armazón legal de derechos que caracterizaron a todas las legislaciones surgidas de la filosofía liberal, así como aquellos acuerdos o pactos sociales que cuajaron en la fase de la posguerra. Y ello por la sencilla razón de que para el neoliberalismo la desigualdad es un valor positivo e imprescindible (Perry Anderson), pues su doctrina se levanta sobre el principio de la redistribución de los ingresos de los pobres a los ricos. Sustentar una legislación en conceptos de igualdad —y en derechos, por tanto— choca de frente con "el modelo".

Si en el neoliberalismo la desigualdad es un valor positivo e imprescindible, el desempleo y la pobreza no son "un defecto pasajero" sino un "mecanismo" esencial para la regulación del mercado laboral y el control político. Es este fenómeno sobre el que tan lúcidamente nos habla Vivienne Forrester, en su libro *L'horreur economique,* publicado en 1996 por la editorial Fayard, de Francia. "El horror económico" al que se refiere Forrester se expresa, sobre todo, en "el hecho simple y llano de que

> millones de personas se han vuelto "innecesarias", "excedentes", "prescindibles". Y no se trata aquí de una crisis, o de varias, sino de una verdadera mutación, y no de la mutación de una sociedad, sino de la muy brutal de una civilización.

¿Pero es sólo la constatación de que no habrá más trabajo lo que destruye a los hombres? No, nos dice Forrester; destruye a los hombres la violencia del rechazo.

> ¿No se estará montando más bien una gran puesta en escena para convencer a todos estos solicitantes de que ya no valen nada? [...]. El hombre se siente entonces excedentario, superfluo, innecesario. Y entonces este hombre se ve envuelto en "el sentimiento más vergonzoso": la vergüenza. La violencia simbólica (Bourdieu) o la "violencia de la calma" (Forrester, *La violence du calme,* Seuil, 1980), que se obtiene por el ejercicio de fuerzas coercitivas antiguas, subyacentes; 'de una violencia tal, tan eficaz, que pasa inadvertida, y que en el límite no es más necesaria en la medida en que está integrada...

Pero Vivienne Forrester describe un fenómeno dominantemente europeo. ¿Cómo se expresa el "horror económico" en países como México? Al desempleo estructural se suma "la marginalidad" pura y simple; los más pobres de los pobres no son desempleados sino "marginales": en las estadísticas son "extremadamente pobres" y sólo eso, la escala más baja de la especie humana, los prescindibles del aquí y ahora. En México son más de 20 millones, entre personas e indios.

De políticas

Para los desempleados europeos existen políticas específicas de "ayuda económica". Para los marginales existe "la política social", diseñada para no afectar las variables macroeconómicas "del modelo" —como son los salarios o los precios relativos—, por lo que ni por casualidad llegarán a tener objetivos redistributivos.

Por las mismas razones es que las políticas neoliberales "para pobres" tienen un carácter esencialmente asistencialista, y se aplican de manera "focalizada". Las políticas de "focalización" dejan de ser estrategias excepcionales y temporales para atacar los males más agudos y los problemas más urgentes de los pobres, para convertirse en formas cuajadas y permanentes de administración de la pobreza. En algunos casos —como el del Pronasol— el asistencialismo del Estado se articula a la idea de la participación, de la "autoayuda" o de la "solidaridad", conceptos que se ajustan en la filosofía referida al esquema de la liberalización-privatización de las relaciones económicas y sociales todas.

Las políticas neoliberales "para pobres" se desconectan entonces de las reales "políticas de desarrollo". El sentido no es ni será más "erradicar la miseria", sino administrarla y controlarla políticamente. Abierta o imperceptiblemente se tratará de administrar la pobreza y de evitar que ésta se vuelva incontrolable y políticamente desastrosa ("El control de su potencial de conflicto", en los términos de Luis Miguel Bascones). Por lo demás, los pobres también votan y, por ello, la administración de la pobreza desde el campo neoliberal se vuelve una compleja y sofisticada ciencia de "control y manejo de los pobres". La "ayuda" misma se vuelve entonces un instrumento de destructuración de identidades colectivas (Sergio Zermeño).

¿Dos vías para la administración de la pobreza?

En su versión más sofisticada, aparecen en América Latina las propuestas de "administrar lo social" a partir de los esquemas derivados de "la moderna gestión organizativa de la empresa". Según uno de los teóricos más conspicuos de esta línea, se trata de

> captar la especificidad gerencial de lo social, trabajar sobre la misma, elaborar teniendo en cuenta la ciencia gerencial global pero apoyándose en ella para crear innovativamente respuestas propias para gerencia social, prestar la máxima atención a la vasta experiencia existente en gestión social tratando de aprender de ella. (Bernardo Kliksberg, "Gerencia social: dilemas gerenciales y experiencias innovativas").

Pero tales son sólo los buenos deseos de aquellos que creen en la posibilidad de que el neoliberalismo puede pasar las conocidas bolsas de turbulencia para alcanzar algún tipo de equilibrio en sus sistemas regulares de organización económicas, política y social. La vía que se impone en forma dominante es la de la disolución intencionada y sistemática de los cuerpos sociales prexistentes, la desestructuración de las identidades colectivas o la individualización homogeneizante, perspectiva esta última desde la que el sujeto o los sujetos sociales (sociedad, "sociedad civil", etcétera) no es o no son pensados como tejido(s) de intersubjetividades (obviamente diversas y vitalizadas por su propia interacción), sino como partes aisladas de un cuerpo de existencia mecánica cuya reproducción es regulada "desde afuera", por el mercado. El modelo de Kliksberg está pensado en el marco de una sociedad "ideal" conquistada finalmente por el neoliberalismo: en el espacio y tiempo del Shangri-La de los tecnócratas, después de que arribe el tan esperado fin final de las historias.

El garabato

Nos dice *Marcos:*

La globalización produce un mundo fragmentado, lleno de pedazos aislados unos de otros [...]. Un mundo lleno de compartimentos estancos, comunicados apenas con frágiles puentes económicos [...]. Un mundo de espejos rotos reflejando la inútil unidad mundial del rompecabezas neoliberal.

Este mundo presupone la pulverización de los mercados internos, pero con ello, y sobre todo, una nueva manera de regulación de la oferta laboral y una nueva modalidad de "administrar" la miseria y a los pobres. La balcanización neoliberal se expresa así bajo la forma de territorios —de una nación, de un país— segmentados que articulan sus lógicas sociales y económicas de reproducción a ejes transnacionales de dominio, pero en condiciones en que previamente se busca conquistar la "balcanización", división y desintegración de los sujetos sociales y políticos consistentes. Por ello es que hoy se vive, ciertamente, la IV Guerra Mundial.

La Jornada del Campo, núm. 57, 25 de junio de 1997

EL ZAPATISMO Y EL UNIVERSO
DE SUS SIGNOS

Imágenes de futuro, desde la selva

Esa noche, bajo las estrellas, el *subcomandante Marcos* habló sin grabadoras sobre el futuro. Éste no era perfecto, ni tenía la redondez ideal de la utopía. Era más bien estremecedoramente simple: refería a niños sin hambre y sin penas ("el mundo se hizo para que los niños fueran felices"), a mujeres con posibilidades de parir sin que en ello se les fuera la vida, a jóvenes lúdicos capaces de soñar y ajenos a la guerra, a formas de convivencia y de organización social basadas en el respeto mutuo y en la gestión común de los asuntos.

El discurso guerrero del *sub* fue entonces tan diáfano como lo habría sido desde el principio, cuando todos supimos de él y del EZLN en San Cristóbal: el objetivo no sería "tomar el poder" ni abatir al "ejército enemigo"; no se trataría de una guerra popular prolongada encaminada a cercar las ciudades y a imponer la fuerza de una milicia roja y despiadada; no hablarían más los cuchillos que las voces de los pueblos indios, las de los hombres verdaderos. Pronto supimos, además, que los zapatistas se concebían a sí mismos como una (y no la más importante) entre otras de las fuerzas dispuestas a transformar desde abajo a este país tan humillado, pero al mismo tiempo tan lleno de valores profundos y de dignidades imperecederas.

Entonces supimos también que *Marcos* —y el EZLN— no llegó al mundo de la guerra por la influencia de leninistas o maoístas, o por la de aquellos que se formaron en la hoy tan cuestionada ciencia de la *política-política*, sino por la de esa generación de pensadores que en México tiene en Monsiváis a uno de sus más conspicuos representantes, y que viven y

31

piensan la política como cultura, como proceso en el que se construyen y reconstruyen cotidianamente identidades positivas y diversas, plurales en sus posibilidades abarcadoras, abiertas en su capacidad de confrontarse con los más variados discursos ajenos.

El discurso del EZLN no es esencialmente clasista. No se piensan a sí mismos como la fuerza campesina que en alianza con el proletariado llevará a cabo el cambio socialista. No parecen creer (como en su momento creyeron todos los marxistas) en un ineluctable despertar de los obreros, "únicos capaces de operar y encabezar el salto revolucionario". Revueltas no es para ellos un referente ideológico o político, como sí lo fue para algunos sectores de la izquierda que se formaron en los años sesenta y setenta.

En la perspectiva indicada, el EZLN se habría formado a través de un complejo proceso de influencias ideológicas y políticas, diferente al que quisieron ver en él algunos periodistas y analistas ansiosos de mostrar sus claves, cuando equivocadamente señalaron que el origen de los zapatistas se encontraba en la influencia de "los norteños" de Línea Proletaria o de Política Popular. Da la impresión, por el contrario, que los zapatistas surgieron como una respuesta de rechazo al economicismo que, articulado regionalmente por la propuesta programática y las prácticas de la ARIC Unión de Uniones, mostró los límites (nacionales, no sólo regionales) del matrimonio entre la línea de una vertiente de procedencia maoísta-unorquista (ésta sí surgida de Línea Proletaria o de Política Popular, y que llegó hasta la CNC con la propuesta araujista) y el proyecto neoliberal del gobierno de Salinas.

La mezcla ideológica que fundó las formas de ser y de pensar del nuevo zapatismo debe provenir entonces de muy diversos afluentes, pero nadie debe dudar ahora que el "filtro" —y la aportación efectiva— de la cultura originaria y secular de los núcleos indios fue el que dio a esta confluencia de ideas su estructura uniforme actualmente definida.

Uno de los productos de esta confluencia plural y rica de posiciones ideológicas y políticas del EZLN se expresa en su "indigenismo": los zapatistas no luchan por la República de los Indios, ni claman por la imposición a otros núcleos sociales de los valores propios. Sólo quieren que las autoridades tradicionales de las comunidades tengan legalidad; que se respeten los términos de aplicación de la justicia indígena; que las regiones donde existe hegemonía de una etnia puedan ser gobernadas por ésta, bajo esquemas democráticos de organización y de gestión municipal que consientan la existencia de concejos populares o de autoridades que puedan ser removidos en cualquier momento por el pueblo (por vía del mandato de una asamblea o de algún otro tipo de referéndum o consulta).

Las pretensiones y alcances nacionales de las exigencias o demandas del EZLN son otro claro indicador de la distancia que los zapatistas marcan frente al sectarismo indigenista de otros movimientos sociales del mismo molde en Latinoamérica. La propuesta de constituir una República de Indios se desentiende y aleja de las demandas reivindicativas y democráticas de otros sectores (mestizos populares, o mestizos e indígenas "burgueses" o adinerados) de la "sociedad mayor". La propuesta de los zapatistas, por el contrario, trasciende los planos locales y regionales y llega al planteamiento principalísimo de la eliminación del "sistema de partido de Estado", por el expediente simple de exigir que el 21 de agosto haya elecciones libres y creíbles.

Por ello es que el EZLN y el *subcomandante Marcos* se dirigen obsesivamente a la sociedad civil; de esta necesidad de articular un movimiento nacional de cambios surge el verdadero sentido de la "guerra de papel" (comunicados, artículos, cartas, entrevistas) que los zapatistas han decidido explotar —y explorar— en todas sus posibilidades: de este "sentirse parte" de un proceso de transformación global de muchas fuerzas sociales heterogéneas y diversas emerge el cuidado que tienen en orientar y encaminar una gran parte de sus misivas, dirigidas a niños, mujeres, periodistas, ONGs, organizaciones sociales.

En esa noche sin grabadoras, el *subcomandante Marcos* también habló del futuro inmediato, de las dificultades y peligros que se cernían sobre el EZLN y otras fuerzas democráticas de México, del enojo incubado en los grupos más reaccionarios del país, de la idea revanchista y guerrera de ganaderos y de un sector de los coletos, de los desplazamientos irregulares del ejército, de la incursión persistente de aviones de reconocimiento y de espionaje. El contrapunto era evidente y llevaba a ubicar la dimensión precisa del problema: luchar por derechos elementales de justicia y democracia era, en México, un reto que implicaba arriesgarse y, para ellos, los indígenas, arriesgarse en primera instancia a perder la vida. Por ello es que el discurso zapatista está plagado de una insistente y cruda referencia al tema de la muerte... propia.

La muerte de la que hablan los zapatistas no es, en consecuencia, grito de guerra y de conquista. Es el "pedacito del lado oscuro de la luna" necesario para que "el otro pedacito" de la luna brille. Es también una forma de hablar de los sin rostro, de los que piden "para todos todo, nada para nosotros". Es la negación positiva y universal, que transgrede y desborda toda mezquindad, para que todo viva.

Ése fue para nosotros el mensaje profundo de la selva, cuando estuvimos con el *subcomandante Marcos* en esa noche de estrellas.

La Jornada, 28 de marzo de 1994

El ciclo vital del zapatismo

En la selección originaria de "la vía", cuando el EZLN era apenas un pequeño grupo de militantes o activistas dispuestos a cargar hacia el futuro con el peso real y la teoría del cambio revolucionario, se expresó seguramente la idea del "foquismo", o de la guerra de guerrillas en su estilo o molde convencional. Ello se dio, según declaraciones diversas —y dispersas— de los propios zapatistas, cuando la década de los ochenta no llegaba aún a su primera mitad.

Pero la inscripción del "foco" (que en realidad nunca llega a expresarse como tal, si bien pudiera encontrarse por allí algún casual enfrentamiento armado) en un medio indígena como el de Chiapas, y en particular como el de la selva, fue modificando con el tiempo parámetros y concepciones. Lo más relevante del proceso fue la "apropiación indígena" de la concepción guerrera, y con ello su modificación sustancial: se trataría de preparar una guerra popular de grandes dimensiones, cobijada por las propias condiciones de "separación geográfica" y de marginalidad social prevalecientes en el área de influencia de las armas.

Hay razones de peso para suponer que el desarrollo del EZLN tuvo no menos de tres o cuatro grandes etapas, antes de su espectacular aparición armada el 1 de enero de 1994. Ya nos hemos aventurado a hablar de la primera, referida a la "instauración del foco" en el espacio de la selva. La segunda debería ser la de la "apropiación indígena" del proyecto armado (en un primer nivel que, con todo, parece mantener su contenido "militarista"), con la idea básica de la "construcción del ejército". La tercera estaría marcada por el "trabajo comunitario" (se entiende que entre la segunda y la tercera fase deben existir fronteras no plenamente demarcadas) de los núcleos agrupados en lo que entonces era el EZ, que permite enraizar definitivamente a éste en el espacio indígena de la región, y que modifica cualitativamente el sentido originariamente "militarista" del proyecto, pues el proceso que se da "reconstituye" o modifica sustancialmente no sólo ideas y concepciones tácticas y de estrategia, sino la estructura general de mandos, los circuitos de comunicación e información, los códigos generales de acción o de conducta.

Es posible que esta tercera etapa tenga dos claras subfases, definidas por variantes en los niveles y ritmos de crecimiento de los efectivos del EZ, así como por sus niveles de influencia en las propias comunidades de la selva. La primera subfase llegaría hasta 1989, pues hasta entonces no existen condiciones para una rápida extensión de fuerzas y para una implantación definitiva en el terreno comunitario. Y ello, sobre todo, por el hecho de que en este momento opera aún en la región la "esperanza" organizativa y política de la ARIC Unión de Uniones, con éxitos significativos en el terreno de la obtención y legalización de tierras y de la apertura de un proceso sostenido de negociación de proyectos y de cuantiosos recursos con el gobierno de Salinas.

La segunda subfase empezaría precisamente con la debacle económica que se abre desde 1989, con la caída internacional del precio del café, con la política de desincorporación del Inmecafé y de Conasupo, con el retiro de subsidios y la modificación de la estrategia de apoyos a los productores de básicos. Más adelante se sumarían, como efectos detonantes, la caída del precio del ganado, así como lo errático de las políticas del Pronasol, e incluso de Procampo. Es entonces cuando se abren los canales de "desagüe" y, en forma más o menos masiva (el 40 por ciento, según los cálculos de Lázaro Hernández, dirigente máximo de la ARIC), se da un "éxodo" de indígenas hacia el espacio zapatista.

Las etapas de desarrollo del EZLN no sólo se delimitan por los tiempos y formas de su crecimiento numérico, o por la manera en que se van rearticulando las estructuras de organización o de mando. Hay en el proceso obvias transmutaciones en la concepción de la guerra, en la manera de entender el vínculo entre lo social y lo militar, en la forma de concebir lo local y lo nacional, en la elección de "métodos" y de vías específicas de acción y de combate. Influyen claramente sobre el universo programático o el cuerpo básico de ideas del EZ: la "caída del Muro de Berlín" y el derrumbe del "socialismo", la emergencia de un movimiento propiamente civil ("la sociedad que se organiza", nos diría Monsiváis) en el país a partir del terremoto de 1985, los vientos frescos provenientes del movimiento universitario del CEU, la lucha democrática en el proceso electoral de 1988. Pesa enormemente en el ánimo e inteligencia de los zapatistas la experiencia negra de la guerra centroamericana, así como los cambios en las relaciones sociales y políticas en el Continente.

El producto es, en 1993-1994, un audaz y novedoso esquema de "guerra militar" dentro del marco de un proceso de cambios en el que las armas "no tienen el mando", sino sólo la función de "disparar" la movilización social pacífica, de promover el despertar cívico de los más, de ayudar a precipitar la fractura política de un régimen que se encuentra ya en descomposición y amenaza seriamente a todos. El objetivo del EZLN no será "la toma del poder"; tampoco buscará "abatir al ejército enemigo". No reivindicará el camino de la guerra popular prolongada encaminada a cercar las ciudades y a imponer la fuerza de una milicia roja y despiadada.

El EZLN —hemos dicho ya en otro artículo— no llegó al mundo de la guerra por la influencia de leninistas o de maoístas, o por la de aquellos que se formaron en la hoy tan cuestionada ciencia de la "política-política". El "filtro" de la cultura y de la conciencia política de los indígenas de Chiapas operó decididamente en la construcción de su discurso. Allí están las vetas esenciales. Lo regional lleva en lo inmediato a los ámbitos de "la patria". No existe el localismo estrecho ni hay economicismo simple, de sobrevivencia. Votán es el gran civilizador prehispánico, constructor de una nacionalidad de mundos étnicos y culturales heterogéneos. Votán ve hacia el futuro, no hacia el pasado, y promueve el progreso de los indios. No se trata, pues, de una idílica y simple reivindicación de un pasado premoderno. Pero hay algo más: Votán es, en el discurso zapatista, Votán-Zapata, "guardián y corazón del pueblo", y, por ello, se funde en su propio cuerpo fantasmal la lucha contra el agravio colonizador y despótico que proviene de la Conquista, con la de los campesinos mexicanos que en pleno siglo XX exigen tierra, justicia y democracia. El futuro hacia el que mira Votán-Zapata no se consigue por la vía tan utópica como sectaria de desestructurar el discurso del mestizo, o por el camino de destruir los templos y las instituciones políticas y culturales de "los blancos". No hay banderas que pudieran hacer pensar al EZ como el producto de un proyecto de "desquite histórico", cual una guerra de castas o de razas.

El "indigenismo" zapatista tiene el sentido de una reivindicación mínima, articulada a una propuesta más general de construcción de democracia en las regiones, en los estados, en el país.

Votán-Zapata despliega nuevamente su idea global de cambios, al tiempo en que adelanta un *no* definitivo a las propuestas presentadas desde febrero por el Comisionado. Pero no significa la adopción de la ruta de la guerra: el EZ se somete a los designios de una "sociedad que se organiza" en el terreno civil y electoral, para hacer la prueba de los votos.

La Jornada, 19 de junio de 1994

El zapatismo a un año de vida

Desde el punto de vista de la historia regional, el movimiento zapatista debe ubicarse como la continuación —y la superación— de la lucha que, iniciada en la primera mitad de los setenta (el Congreso Indígena de San Cristóbal, de 1974, es un punto de referencia obligado), se extiende en los años que siguen hasta conformar un verdadero proceso de rebelión popular en el estado de Chiapas. En este periodo se forman organizaciones campesinas independientes de todo tipo, que cubren los terrenos de la demanda agraria, de la defensa de los derechos humanos, de la reivindicación gremial y sindical, y de diversas exigencias relativas a la producción, el abasto y la comercialización.

La represión desatada contra este ciclo de movilizaciones no tiene precedentes, y llega a su clímax durante el sexenio de Absalón Castellanos. Sin quererlo, el Estado está entonces creando condiciones de la formación y de la implantación de la guerrilla: pueblos enteros arrasados, cierre brutal de toda perspectiva de negociación, asesinatos selectivos y de grupos de campesinos rebeldes, racismo y violación sistemática de los derechos humanos más elementales, corrupción e impunidad en casi todos los actos de gobierno. Es la época de oro de los finqueros y de los caciques locales. Es la apertura en México del periodo neoliberal.

Para algunos cuadros o núcleos de las organizaciones sobrevivientes, la cancelación de opciones negociadoras y la generalización del proceso represivo representará el llamado a la toma de las armas. Ello se dará en un primer momento de manera

39

dispersa, sin coordinación, y seguramente sin el objetivo preciso de formar un ejército de indígenas y campesinos; se trata más bien de la constitución de grupos compactos de autodefensa. Pero no es difícil imaginar que, en tales condiciones, una bien lograda labor de un núcleo armado, asentado en la selva, llegara en poco tiempo a construir, no un destacamento duro que crece desde su propio centro, sino una red de grupos fieles y activos en diversos municipios del estado.

El EZLN será así, en un primer momento, una red de núcleos (uno armado, otros —quizá la mayoría— no), que despliegan una intensa actividad proselitista en el terreno legal o abierto y clandestino, y que labran pacientemente sus estructuras de organización político-militar y sus ideas. En los noventa, la incorporación masiva de otros contingentes campesinos (como los de la ARIC Unión de Uniones, que viven el fracaso de su organización productiva), llevará a la conformación definitiva del EZLN, tal y como ahora lo conocemos.

El Ejército Zapatista, que se va formando al amparo de la selva y de la noche, y que encuentra sus claves de "clandestinaje" en el hermetismo natural de la cultura y de las lenguas indias, es desde su origen un ejército de jóvenes: recoge, en fértil cosecha, lo mejor de una nueva generación de pobladores, cuyo denominador común es que "no tienen futuro". No es sólo que la pobreza de la región haya alcanzado un punto extremo, sino que todas aquellas opciones productivas y de vida que en años anteriores aparecieron en el horizonte de pronto se encuentran canceladas: la tierra se ha erosionado y el sistema de roza-tumba-quema ha dado de sí, por la pequeñez primaria de las posesiones, por la multiplicación de las bocas y la imposibilidad de abrir nuevas áreas a la colonización; el precio del ganado cae en picada al iniciarse los años noventa, tanto como lo hicieron las cotizaciones del café desde 1989; se establecen groseras prohibiciones a la explotación forestal, con una ley de veda que afecta principalmente a los pequeños campesinos; algunas organizaciones económicas independientes de la región entran en crisis o se corrompen.

Desde el punto de vista de la historia nacional, el nuevo movimiento zapatista es, entre otros procesos de lucha, la continuación —y la superación— del ciclo de movilizaciones campesinas que se desarrollan a lo largo y ancho de todo el país después del 68, y que se extiende durante toda la década de los setenta. En el proyecto del EZLN cuaja una línea de actuación que en los setenta sólo se integrará parcial o limitadamente en las propuestas y acciones de algunos núcleos campesinos, a saber, la que adopta la vía de las armas, sea por concepción o porque así lo imponen las condiciones políticas y represivas regionales, como fue el caso de la guerrilla popular encabezada por Lucio Cabañas.

El nuevo zapatismo construye su identidad sobre la marcha. Tal vez encontraremos en él algunas herencias del pensamiento marxista, leninista o guevarista, provenientes de la participación primaria de activistas que vienen de núcleos y de organizaciones de izquierda. Y el EZ recoge con seguridad claras lecciones de los movimientos armados —verdaderas guerras populares— de Centroamérica. Pero hoy parece indudable la fuerza ideológica y cultural del propio mundo indio-campesino chiapaneco en la conformación del perfil político y zapatista, alimentado además por elementos de la "nueva cultura" —de lucha— cívica que se desarrolla en México desde los sismos del 85, y que se reafirma y extiende a partir de 1988 con el movimiento democrático nacional encabezado por Cuauhtémoc Cárdenas.

Por ello es que en el discurso del nuevo zapatismo no existe una idea estrictamente clasista, ni su objetivo es la "toma del poder político": el EZLN se concibe a sí mismo como una entre otras de las fuerzas dispuestas a transformar a México en un sentido democrático. "Ganar el umbral de un mundo mejor", diría en alguna ocasión el *subcomandante Marcos*, para establecer los puntos de un programa "mínimo" capaz de articular las más variadas y diversas fuerzas sociales y políticas de la nación.

En este sistema de espejos con el que se han construido las identidades zapatistas resulta indudable la importancia del *subcomandante Marcos.* Pero parecen claras las condiciones precisas de su papel: supeditado en lo político a la dirección colectiva indígena del CCRI, y encargado de la dirección militar, es más un excelente traductor-reconstructor (tejedor) de lenguajes y discursos significativos, que un "importador de teorías externas". Ha logrado así, por lo demás, hacer inteligible al oído mestizo una buena parte del discurso originario de los indios, eliminando torcidas interpretaciones antropológicas y proyectando "visiones" y estrategias esenciales de dicho mundo comunitario. Sobre este nuevo "piso epistemológico", tejido por el *sub,* ha sido posible armar los puentes de la compleja alianza entre "la sociedad civil" y el zapatismo.

El zapatismo chiapaneco (cada vez más nacional, y no nos referimos aquí a su expresión armada) no es el último de los movimientos populares de corte radical del siglo XX, sino el primero de un nuevo ciclo de luchas populares que se extenderá seguramente en el futuro. Lo que el viejo zapatismo fue al capitalismo salvaje del porfiriato, así como a las pretensiones restauradoras del carrancismo, el nuevo lo es a la ofensiva inmisericorde de un sistema económico y político que, bajo el discurso de la modernidad, no parece encontrar límite o medida a sus posibilidades depredadoras y de explotación.

A un año de vida "pública", el nuevo zapatismo goza de cabal salud y muestra orgulloso sus potencialidades creativas. Su originalidad es sorprendente: llegó al escenario convertido en ejército popular, ahorrándose el doloroso —y seguramente inviable— tránsito de la guerra de guerrillas. Ha desatado el movimiento popular y cívico más relevante de que se tenga memoria en el estado, y para lograr sus fines ha disparado más tiros simbólicos que reales contra "el ejército enemigo". Sorpresas nos da la vida.

La Jornada, 2 de enero de 1995

Oventic es la palabra
(a dos años de la insurrección zapatista)

Los cuerpos se dibujan mejor a contraluz. A dos años del levantamiento armado de los zapatistas, los contornos de su proyecto aparecen con gran nitidez. Oventic-*Aguascalientes II* y otros símbolos y referentes ofrecen ya claves finas de lo que, a temprana hora de 1994, eran sólo indicadores tenues y en ocasiones irregulares de su propuesta de cambio. El tiempo, sin duda, ha enriquecido y en algunos sentidos modificado ideas y la misma propuesta. Pero, ahora lo sabemos, en el origen estaba lo esencial.

1. Conviene señalar primero lo que hoy ya es obvio, pero tardó tiempo para serlo: la irrupción armada del 1 de enero de 1994 no fue el producto de una acción guerrillera de corte tradicional, sino la expresión parcial de un amplio movimiento indio que decidió "tomar la tierra por asalto" (en la expresión de Paul Eluard). Esta "tierra" no era ni es el Palacio de Invierno; no es el poder político o el aparato de Estado. No hay en la acción del EZLN la pretensión maximalista de "tomar el poder", ni la idea peregrina de imponer a la sociedad entera "el modelo alternativo". En la realidad capitalista del fin de siglo, lo verdaderamente subversivo y radical se expresa en demandas tan simples y republicanas como democracia, libertad y justicia, palabras con las que los zapatistas rubrican desde siempre todas sus proclamas, mensajes y comunicados.

2. El movimiento discursivo del EZLN no tiene el objetivo de impostar o de imponer ideas absolutamente nuevas y extravagantes a la sociedad que nos congrega, sino el de operar una reapropiación o, si se quiere, una re-expropiación de ideas-

valores esenciales: aquellas que realmente pertenecen al "México del sótano", y que sólo en él y con él adquieren su sentido.

Junto con ideas-valores clave como democracia, el discurso zapatista reanima y reafirma los contenidos esenciales de patria, soberanía nacional, libertad, justicia, dignidad. Construye o reconstruye, sobre dos coordenadas, un discurso ético y un discurso político-social, ambos férreamente imbricados. Este proceso de "re-expropiación" de ideas-valores esenciales es, en un mismo movimiento, lucha contra el sistema político vigente (el sistema de partido de Estado) y construcción de un fino y consistente tejido de (inter)comunicación entre distintos actores sociales. Es a la vez, por este último recurso, proceso de creación de identidades colectivas nuevas —constructoras de sujeto(s)—. El zapatismo es por ello justamente, como diría Antonio García de León, "redes de transición, selva de símbolos".

3. La presencia armada del EZLN no habla de su espíritu de guerra. A dos años del levantamiento del 1 de enero de 1994 hay algo más que debería ubicarse en el estante de lo obvio: para el zapatismo lo que está al mando es la política, y la conquista de una paz con justicia y dignidad es su mayor objetivo. Oventic-*Aguascalientes II* no es un monumento a la lucha armada sino el templo-símbolo de una nueva socialidad: como acción presente y como propuesta. No fue construido para guillotinar cabezas, o para arrancar corazones al ritmo del tambor y al filo de la obsidiana, sino para "mostrar a todos los mexicanos y al mundo que los indios pueden construir un nuevo mundo".

4. El monumental templo político-cultural de Oventic-*Aguascalientes II* es, pues, presente vivo, y es futuro. Es el punto de reunión entre indígenas de todas partes, y también entre éstos y "la sociedad civil" (ese "espacio convincente para decenas de miles", nos dice Carlos Monsiváis) que comulga con los afanes transformadores del zapatismo. Pero es a la vez el material-mensaje-discurso más nítido de lo que el EZLN y el mundo indio que encarna, representa y acompaña, es capaz de lograr

en poco tiempo: en menos de dos meses, en medio del cerco político y militar más férreo que se haya impuesto en los últimos años a comunidad alguna, los pobres más pobres, "los más pequeños", construyeron en una operación hormiga y con sus solas manos una obra (varias, si se cuentan las que se levantaron simultáneamente en el ejido Morelia, La Realidad y La Garrucha) que no tiene precedentes.

5. Oventic-*Aguascalientes II* es, también, si se nos permite la expresión, una inmensa, sana y sostenida carcajada libertaria que se lanza de frente al "racionalismo" tecnocrático y castrense de los gobernantes actuales, que no acaban de entender de qué extraños elementos se compone el material "de guerra" de sus oponentes. Las máquinas de combate del Ejército federal (tanques, *jeeps* y unidades de asalto) en Los Altos y en La Selva no sirven para combatir a miles de indios que, desarmados, se afanan por abrir surcos y levantar y construir clínicas, dormitorios, gradas, bibliotecas.

Sólo la estupidez más extrema fue capaz de sepultar el primer *Aguascalientes;* sólo la estupidez más extrema sería capaz de pretender hacer lo mismo con este nuevo esfuerzo magno de paz de los indios chiapanecos.

La Jornada, 2 de enero de 1996

Devolver la iniciativa a la sociedad

José Woldenberg, en "Estado, partido y agrupaciones sociales" (*La Jornada*, 3 de febrero), desarrolla su mejor exposición crítica al proyecto zapatista sobre el FZLN, en el marco de un interesante intercambio de ideas con Luis Hernández Navarro. Vale la pena tomar su texto como referencia para el debate pues, desde mi punto de vista, en el centro de su argumentación existe un equívoco que se ha venido repitiendo por otros críticos de la idea del Frente. El punto clave es el siguiente: resulta "autolimitante" —nos dice Woldenberg refiriéndose a la propuesta del FZLN— pretender construir una "fuerza política cuyos integrantes no desempeñen ni aspiren a desempeñar cargos de elección popular o puestos gubernamentales"; es "suicida y falto de horizonte [...] renunciar a la esfera del voto, de la representación, del gobierno".

Se trata de "un viejo prejuicio contra la política, los políticos, los partidos y los cargos de representación, que si cunde entre las izquierda sólo servirá para menguar su impacto político y social".

Propongo una lectura distinta de la Cuarta Declaración de la Selva Lacandona y, en particular, de la convocatoria del EZLN a formar el FZLN: no hay en ella una definición "antipartidos" ni una vena abstencionista, en el sentido en que tales elementos aparecieron en el discurso de la izquierda post-68. No se renuncia en la Cuarta Declaración a la esfera del voto, de la representación o del gobierno. Si así fuera, el FZLN poco o nada tendría que ver con el Movimiento de Liberación Nacional (MLN), proyecto que, constituido por fuerzas políticas de diversa índole —incluso por partidos políticos y corrientes partidarias—, es parte íntima o, si se quiere, complementaria de la propia constitución del Frente.

La Cuarta Declaración de la Selva Lacandona se ubica más bien en otras coordénadas del discurso político. Uno de sus ejes es simple y tiene una temporalidad y una consistencia palpables: el que ubica el espacio y el marco de principios que normará en lo que sigue el proceso de conversión del EZLN en una fuerza política nacional. Se trata aquí de una comunicación o de un diálogo del zapatismo consigo mismo (pues éste ya tiene una dimensión nacional), con contenidos que a éste le son esenciales para construir todo proyecto de poder real y verdadero. Guía pues a sus militantes y simpatizantes por el complejo proceso de construcción de una fuerza orgánica nueva. Más que "suicida y falto de horizontes", la idea zapatista tiene, en mi opinión, la pretensión de calar hondo y de colocar sólidos cimientos para construcciones centenarias. ¿Lo lograrán? Ello no es materia de este debate.

El otro eje de la propuesta zapatista es difícil de ubicar con precisión en tiempos y espacios, pues se mueve en un ámbito distinto al bidimensional: cruza —o pretende cruzar— a las organizaciones sociales y a los partidos, al Estado, a la sociedad toda. Pretende ofrecer —o proponer— una nueva manera "de ver" al poder político, con la intención de que pueda "producirse otra forma de hacer política" (*Marcos*, en *La Jornada,* 10 de enero). Se trataría, con ello, no de rechazar el voto y la representación, no de eliminar al sistema de partidos y destruir al Estado, sino de "crear una nueva relación entre los gobiernos y los gobernados".

Para calar hondo —ésta es en nuestra opinión la idea de la Cuarta Declaración de la Selva— el movimiento que lleva a "crear una nueva relación entre los gobernantes y los gobernados" no opera —no debe operar— sólo ni fundamentalmente sobre las formas de articulación entre unos y otros, sino en "los interiores" de estos continentes: los primeros tendrán que aprender a "mandar obedeciendo"; los segundos tienen que (re) aprender a mandar. El factor primario y dinámico de la ecuación es hoy por hoy el que los gobernados aprendan y construyan sus formas e instrumentos de mandato (construidos en mucho por la autoconciencia que es, en este caso, reapropiación de valores esenciales, construcción de identidades colectivas y, por ello, de poder); la variable dependiente es —también hoy por hoy— que los gobernantes aprendan a "mandar obedeciendo".

Por ello es que la propuesta zapatista no es "antipartidos" ni abstencionista. Tampoco se piensa en el "exterior" del Estado o del propio sistema de partidos, como sugiere Woldenberg. Se atreve, por el contrario, a opinar y pretender incidir en el proceso de relación global entre partidos, organizaciones sociales, ciudadanos y Estado, así como en sus campos "interiores": los partidos políticos, por ejemplo —al menos aquellos que tienen proclividad republicana—, deberían refundarse para establecer un nuevo tipo de relación entre representantes y representados, ordenada en adelante con criterios éticos y culturales que limiten o eliminen el pragmatismo vulgar y "la eficacia" predominantes.

La propuesta de la Cuarta Declaración de la Selva Lacandona no es universal o abstracta: está ubicada en el tiempo preciso en el que el bloque gobernante en México pierde controles y se vacía aceleradamente de sus condiciones o posibilidades de representación política republicana; en el tiempo en que dicho bloque "usurpa" el poder de la nación y se adjudica sin más la voluntad de los de abajo.

La Jornada, 5 de febrero de 1996

Refundar el Estado

En mi opinión, José Woldenberg, como otros críticos del zapatismo, ha hecho una lectura equivocada de la Cuarta Declaración de la Selva Lacandona, al ver en ésta la reedición de viejos prejuicios antipartidistas y abstencionistas de la izquierda post-68. En su "Respuestas" del 10 de febrero (*La Jornada*), se sorprende de que yo no encuentre en el documento referido la renuncia del EZLN-FZLN a la esfera del voto, de la representación o del gobierno. Pero Woldenberg no se anima a responder a la pregunta: ¿Por qué la propuesta zapatista de construir el FZLN está íntima y directamente ligada a la formación del Movimiento de Liberación Nacional (MLN), proyecto constituido por fuerzas políticas de diversa índole, incluso de partidos políticos o de corrientes partidarias? ¿Por qué en la Cuarta Declaración se habla de que el FZLN será una "fuerza política que luche por la democracia en todo y no sólo en lo electoral"? ¿Es un simple *lapsus* de la Cuarta Declaración? ¿Muestra su esquizofrenia o inconsistencias discursivas? Definitivamente no.

La propuesta del FZLN es la que marca o define las vías específicas de transformación del zapatismo en una fuerza política nacional ("organización civil y pacífica, independiente y democrática, mexicana y nacional, que lucha por la democracia, la libertad y la justicia en México"), pero no sólo eso: plantea la necesidad de generar una nueva manera "de ver" al poder político, con la intención de que pueda "producirse otra forma de hacer política".

El objetivo: hacer una revolución democrática (en el sentido que Habermas da a la idea de revolución) que lleve a una "nueva relación entre los gobiernos y los gobernados", donde los primeros manden obedeciendo y los segundos construyan o reconstruyan sus formas e instrumentos colectivos de mandato. La propuesta se inscribe, hoy por hoy, en la lucha de amplios sectores sociales contra el sistema de partido de Estado, en un momento en que éste y el conjunto de los mecanismos e instrumentos de representación política formal viven una crisis profunda.

El debate se desplaza, en consecuencia, al tema del poder y de la legitimidad, y a la valoración de la naturaleza y consistencia de las instituciones políticas vigentes, en su condición de condensaciones o de nudos articulatorios de relaciones sociales y políticas determinadas. Y es en este campo de análisis en el que vemos las mayores debilidades del discurso de Woldenberg, pues una cierta visión instrumentalista lo lleva a sobrevalorar lo que él llama el "proceso democratizador" mexicano, o proceso de "transición democrática", dada la existencia de "un marco constitucional republicano, partidos reconocidos, elecciones recurrentes y posibilidades —cada vez mayores— de asumir los puestos de gobierno para las corrientes no oficiales" (José Woldenberg, "Proceso democratizador", *La Jornada,* 17 de febrero).

Los peligros de una idealización semejante saltan a la vista, pues no están tan lejanos aún aquellos días en que una sobrevaloración parecida del "marco constitucional republicano" y de la existencia de un sistema de partidos en Chile impidió prever a ciertos núcleos políticos y de la intelectualidad de ese país la emergencia de la dictadura pinochetista.

La pregunta clave a responder en México es, entonces, si las instituciones y "avances" que Woldenberg ve en el "proceso democratizador" tienen seguro de vida y nos llevan a puerto conocido, o están seriamente vaciadas de legitimidad y contenidos republicanos; la pregunta a responder es —así parezca a Woldenberg una formulación demasiado general— si el Estado mexicano se sostiene hoy por hoy por el consenso y la voluntad activa de "la sociedad", o acude cada vez más a fórmulas autoritarias que pueden llevarnos peligrosamente a la instauración abrupta de un Estado de excepción o a regresiones de consecuencias; la pregunta a responder es, finalmente, si los partidos hoy realmente existentes (por lo menos aquellos que tienen proclividad democrática) se articulan con legitimidad de mando y representación a sujetos sociales consistentes —y en dicha articulación ayudan a su construcción o autoconstrucción como sujetos—, o tienden también en forma peligrosa a despreciar ese vínculo o articulación para construir o sustentar su propio poder del que de buena o mala gana le conceden los operadores políticos del bloque gobernante.

La propuesta zapatista no puede verse entonces como una "especie de revolución cultural que desprecia los mecanismos democráticos de procesamiento de la política", como diría Woldenberg en su artículo "Respuestas". Y no se trata —por ello mismo— tampoco de "exorcizar esa zona en la que transcurre la política real con enunciados no sólo generales sino plagados de buena voluntad y nulos asideros institucionales" (*ibidem*). Por lo menos hasta hoy el zapatismo ha demostrado una significativa capacidad para hacer política, y de la buena. Ha ayudado de manera decisiva a levantar el edificio y la propuesta programática de un nuevo movimiento indígena nacional; ha sido capaz de convocar como sus asesores e invitados en el diálogo de Sacamch'en, frente al gobierno, a lo más granado de la inteligencia política de México; ha construido sólidos puentes con una "sociedad civil" (nacional e internacional) que, hoy emergente en múltiples vertientes, se siente reanimada y se construye o autoconstruye por vías prometedoras. ¿Puede dudarse de su capacidad para seguir tejiendo con eficacia en esa zona en la que, al decir de Woldenberg, "transcurre la política real"?

La Jornada, 20 de febrero de 1996

Saldos y retos del EZLN

José Woldenberg ha sido sin duda uno de los analistas más serios y persistentes en el debate sobre la naturaleza del zapatismo y su opciones políticas futuras. Ha sido también ejemplo de una manera particular de enfocar dichos análisis, con la virtud de que refleja con mucho la visión de un determinado sector de intelectuales y políticos mexicanos, quienes mantienen en mi opinión dos ideas básicas o reiteradas —el color del cristal— desde las cuales observan el conjunto de los fenómenos políticos y sociales: una es que la política es política de partidos y procesos electorales, o no es; otra, que la única democracia que vale es la que responde a los sistemas de representación por vía del sufragio.

Desestima o rechaza este enfoque los métodos o vías de lo que se ha denominado democracia social, directa o participativa, tanto como el despliegue de formas de acción y de participación que no tengan como fin medio o último la disputa electoral y la conquista de cargos de representación política.

No por casualidad encontramos en Woldenberg una y otra vez argumentos o señalamientos críticos de este tipo frente al zapatismo, como el que plantea en su más reciente artículo: "Los retos del EZLN", publicado en *La Jornada* el pasado día 26. Allí nos dice que el rechazo por parte del EZLN de la oferta gubernamental de convertirse en agrupación política, para participar en las elecciones de 1997, resultaría ser "uno de los mayores obstáculos autoconstruidos para su cabal reconversión al ejercicio de la política democrática".

Y más adelante agrega, en la misma línea: "...vale la pena subrayar que los prejuicios antipartido y antielecciones [del EZLN] muy probablemente gravitarán contra sus propias posibilidades de quehacer político amplio".

¿No ha gravitado ya en forma decisiva el zapatismo en la política democrática de México? Su tiempo de inscripción en la política nacional, desde 1994, ¿no ha creado o potenciado ya elementos decisivos de una nueva cultura política —democrática, sin duda— en el país, sin que para ello sus activos militantes hayan tenido que disputar puesto alguno de elección popular? ¿No han ganado ya los zapatistas el corazón y la mente de una buena parte de los sectores populares y de nuestra juventud, y no precisamente porque los hayan seducido desde el campo de "la política epopéyica", "de la guerra y la violencia", "de la teatralidad de las armas", como dice Woldenberg? Pablo Latapí y Enrique Semo han subrayado recientemente el mérito del zapatismo de haber "recuperado la dimensión ética de la política".

Un incuestionable saldo positivo del EZLN en su joven vida pública ha sido colocar al "tema indígena" en el centro del debate nacional, y no desde posiciones académicas y panfletarias, sino desde su capacidad para construir ejes renovados de expresión y de acción a un movimiento indio poliforme que venía desde atrás, y del que han hecho valer sus demandas y posiciones más lúcidas y cabales en el espacio de las negociaciones de San Andrés. ¿No es ésta ya una aportación histórica decisiva a la vida democrática de México?

La posibilidad de que las formas democráticas de gestión o autogestión de los pueblos indios se afirmen y desarrollen en sus propios espacios, y que a la vez impacten decididamente con sus particularidades las propias vías de transformación democrática del país —a través de una reforma constitucional y de los cambios del tejido social que su lucha reciente ya ha implicado o implicará en adelante—, ¿no es ya un real y decisivo aporte a la transformación democrática de la nación?

¿Se desprende de aquí que el zapatismo tiene o mantiene "prejuicios antipartido y antielecciones" —porque no están interesados en "ocupar puestos de elección popular"—, como sugiere Woldenberg? He señalado insistentemente que no hay tales "prejuicios" en el planteamiento zapatista, y que ello puede demostrarse a partir del análisis mismo de sus posiciones. Pero debería bastar, como evidencia de que no hay tales "prejuicios", la convergencia política que el zapatismo estableció con el cardenismo en el contexto de las elecciones de 1994.

El EZLN está en vías de cumplir su tercer año de vida, desde el inicio de la insurrección de la selva. Su conversión plena en fuerza política civil se desarrollará seguramente en los próximos tiempos. ¿Qué le espera del otro lado del río? Es muy temprano para saberlo.

La Jornada, 30 de octubre de 1996

ZAPATISMO, MOVIMIENTO
SOCIAL Y CARDENISMO

La rebelión municipal en Chiapas

La pirámide del poder político en Chiapas tiene su base en 111 ayuntamientos, organizados en su totalidad para ayudar al saqueo de riquezas del que hablaba el *subcomandante Marcos* en su "Chiapas: el sureste en dos vientos...", dentro de un pacto tradicional que permite a funcionarios, políticos y diversos núcleos económicos regionales beneficiarse en alguna medida del despojo.

Los ediles organizan el dominio sobre su territorio a través de agentes municipales que por ley (Ley Orgánica Municipal del Estado de Chiapas) son nombrados directamente por el ayuntamiento, y cuentan con el apoyo y asesoría de todas la dependencias del gobierno del estado. Una de éstas resulta particularmente relevante, pues cumple la función de ayudar a delinear y a "homogeneizar" los criterios y políticas de control sobre los habitantes, pero también la de vigilar "el buen desempeño" de los funcionarios edilicios: Participación Comunitaria, dependencia creada durante el gobierno de Patrocinio González Garrido, que cuenta con un "coordinador" en cada uno de los municipios.

Como en todo el país, sólo el Congreso del estado tiene la capacidad jurídica de remover a los presidentes municipales. No vale, en consecuencia, ni protesta organizada ni demanda mayoritaria expresada en firmas o en asambleas de los pobladores de los municipios; no hay fórmulas de referéndum o de consulta que permitan a la población llegar a la remoción o a la revocación democrática de sus representantes. Contra ese muro se han estrellado todas las movilizaciones por la democratización municipal desarrolladas recientemente en Oxchuc, Palenque, Altamirano, Ocosingo, La Libertad, Tenejapa, Tumbalá, Tila, Las Margaritas, Chanal, Chilón, Playas de Catazaja, San Cristóbal de las Casas, Yajalón, Sabanilla, Teopisca, Pantelhó, Chalchihuatám, Chenalhó, Mitontic, Huixtlán, Larráinzar, Zinacantán o Amatenango del Valle.

La demanda de remoción de presidentes municipales se ha ido extendiendo conforme avanzan los días y se acerca el momento del "diálogo" entre el Comisionado por la Paz y el Ejército Zapatista de Liberación Nacional (EZLN). Hoy es una de las exigencias fundamentales del Consejo Estatal de Organizaciones Indígenas y Campesinas (CEOIC). En la zona de guerra, las movilizaciones contra los ediles son motivadas por viejos agravios, pero a ello se agrega el papel jugado por los presidentes municipales en el propio marco el conflicto armado: han sido y son los organizadores "civiles" de la contrainsurgencia; son la línea primera de contención frente al avance ideológico y político del zapatismo o de las organizaciones sociales independientes e incluso de algunas oficialistas; son los orquestadores de la guerra sucia contra la diócesis de San Cristóbal o contra los frentes cívicos y agrupamientos de ciudadanos o pobladores organizados para luchar por la democracia o por cualquier otra propuesta de cambio.

En las regiones que están fuera del conflicto armado, la insurrección cívica contra los ediles priistas ha sido motivada sin duda por los vientos levantiscos que vienen de la selva, pero sus causas están firmemente enraizadas en el suelo que pisan los pobladores de cada municipio: en el registro de denuncias reiteradas hechas por las organizaciones del CEOIC o por frentes cívicos y grupos diversos de ciudadanos, se acusa a los presidentes municipales de ser cómplices o corresponsables de fraudes electorales, de desviar fondos del Pronasol, de haber realizado obra pública no terminada o fantasma, de ser responsables directos o indirectos de actos de represión contra personas o núcleos independientes, de haber violado derechos humanos fundamentales, de autoritarismo en su gestión, etcétera.

El EZLN ha definido hasta el momento una demanda "máxima" de cambios en el régimen de gobierno de los municipios que se expresa en el "derecho [del pueblo] a elegir libre y democráticamente a sus autoridades [con] independencia de los extranjeros, [con] paz [y] justicia para nosotros y nuestros hijos" (Declaración de la Selva). Ha sugerido a la vez el establecimiento de mecanismos que hagan valer el derecho de los ciudadanos de remover en todo momento a sus representantes. Pero algunas líneas de los comunicados del *subcomandante Marcos* o del Comité Clandestino Revolucionario Indígena del EZLN hablan también de un cambio constitucional que dé territorialidad y autonomía a los pueblos indios y, en consecuencia, defina un régimen especial para la organización de sus propios gobiernos municipales.

El CEOIC encuentra aquí un claro punto de convergencia. Desde sus primeras reuniones (cuando aún no se conformaba como Consejo), los núcleos campesinos en él representados hablaron del "sagrado derecho del pueblo de elegir y remover en todo momento a sus representantes", en un proceso de cambios que implique "establecer una nueva relación entre el Estado, los pueblos indios y las organizaciones sociales"; plantearon a la vez la necesidad de construir una nueva "forma de organización estatal que represente todas esas organizaciones de Chiapas" (reunión del CEOIC del 13 de enero).

Ya organizado como CEOIC, en la tercera semana de enero (reunión del 22, 23 y 24), los agrupamientos que lo integran demandaron el cambio constitucional que permita "reconocer a este Consejo Estatal Indígena Campesino como el único órgano de concertación y decisión, para asuntos políticos, económicos, sociales y culturales", y agregaron a ello la propuesta de "descentralizar todos los proyectos productivos de los "gobiernos" para que "pasen a ser directamente administrados por los representantes de las organizaciones sociales de cada uno de los municipios".

En el largo plazo —siempre dentro de los objetivos delineados por el CEOIC—, se trata de llevar a cabo un "reordenamiento territorial de Chiapas creando regiones compactas de territorios indígenas", administradas en todo momento por "los pueblos pluriétnicos que componen dicha región". Se está pensando entonces en la constitución de "regiones autónomas" que serían también "regiones políticas", pues los pueblos indios elegirían a sus representantes populares ante los congresos del estado y de la Unión, y nombrarían a sus propios presidentes municipales.

En cualquier caso, para el CEOIC se trata de fundar una democracia municipal en la que "se ejerza la pluralidad en cuanto a partidos, ideologías y clases sociales", en un proceso que se inicie por la formación de "Consejos de ciudadanos municipales" con representación "por colonia, barrio, ejido y comunidad", en forma independiente del gobierno, "a fin de que realicen entre otras funciones de planeación municipal, vigilancia del uso del presupuesto municipal, solicitud de proyectos productivos", y se responsabilicen "de la administración y ejecución del proceso electoral próximo [...]".

Sólo una visión en extremo maniquea podría ver en la convergencia de opiniones del CEOIC y del EZLN en torno al tema municipal un arreglo político de partes. Lo cierto es que se trata de una verdadera confluencia de posiciones, con las ideas comunes que transpira la historia de las luchas indias y campesinas de Chiapas. Y seguramente no sólo de Chiapas.

La Jornada, 14 de febrero de 1994

El CEOIC: el otro poder en la guerra de Chiapas

El Consejo Estatal de Organizaciones Indígenas y Campesinas (CEOIC) del estado de Chiapas está integrado por 280 agrupamientos sociales de todas las regiones de la entidad. Se autorreconoce como fuerza con identidad y fuerza propias, distinta de las instituciones gubernamentales, pero también del Ejército Zapatista de Liberación Nacional (EZLN). Participan allí agrupamientos oficialistas e independientes, lo que le da su enorme capacidad de convocatoria, así como de interlocución y de negociación con los representantes del Estado. Son hoy "el otro poder" en el estado de Chiapas, al que se mira con respeto por unos y con miedo y desconfianza por otros. Para la CNC y fuerzas aliadas es un mal necesario que se requiere administrar o limitar en cuanto a sus posibilidades de acción y crecimiento, por lo menos en lo que cambian las relaciones políticas de fuerza; para otras organizaciones —la mayoría del CEOIC— se trata no de un experimento pasajero para negociar tales más cuales demandas, sino de un verdadero poder popular en gestación, con sus demandas particulares y sus propuestas propias de cambio.

La calidad y capacidad organizativa del CEOIC es indiscutible, con todo y que en ella estén representados algunos organismos "fantasma" o de poca membresía. Sus soportes fundamentales o ejes de articulación son redes de agrupamientos sociales que se extienden sobre la amplia geografía de la entidad, algunos con más de dos décadas de lucha en los terrenos agrario, social, político y productivo. Pero el CEOIC es muchísimo más que una suma de agrupamientos preexistentes: condensa el poder social más relevante de que se tenga memoria en el estado; resume experiencia y programa de miles de pequeños y medianos agrupamientos campesinos e indígenas de regiones tan distintas como distantes; proyecta y potencia programas y acciones que hasta ahora eran inimaginables en su traducción práctica para la mayoría de sus agrupamientos. Y ello ha sido posible, al decir de sus dirigentes, por el amanecer político del zapatismo.

El CEOIC es tan fuerte o tan débil como lo puede ser un organismo social y heterogéneo que surge en el marco de la insurrección zapatista, y que se desarrolla en el espacio y tiempo tormentoso de la negociación entre el EZLN y el gobierno. Su suerte depende de su propia capacidad para mantenerse como "fuerza beligerante" de primer orden en el proceso de cambios en curso, de su capacidad para movilizar y levantar exigencias y programas viables de transformación, de su habilidad para no caer en las trampas del "demandismo economicista" y al mismo tiempo abrir el cauce a la solución de las demandas económicas más sentidas de las comunidades, pero depende sobre todo del curso que tome el conflicto político abierto por el zapatismo y las demandas o propuestas que el EZLN pueda arrancar al gobierno en las negociaciones.

Por ello es que la relación entre el CEOIC y el EZLN va más allá de un simple empate de demandas comunes o convergentes, aunque entre ellos no exista vínculo orgánico alguno ni coordinación expresa en ninguna de las acciones.

La fortaleza del CEOIC se ha manifestado no sólo en el número y calidad de sus núcleos o redes de organizaciones integrantes; también se ha expresado en su capacidad para convocar y movilizar a innumerables fuerzas campesinas de la entidad, así como en sus posibilidades de imponer al gobierno nuevas reglas de juego en el plano del diálogo y de la negociación de diversas demandas económicas y sociales. Pero su unidad y capacidades de expansión penden de un hilo, pues no hay condiciones para que en el largo o incluso en el mediano plazo se mantenga una hegemonía o conducción (de las organizaciones independientes sobre las oficialistas, se entiende) que ha cuajado sólo o fundamentalmente por la situación de "empate catastrófico" de fuerzas impuesto por la ofensiva zapatista desde el 1 de enero.

LOS DÍAS QUE CONDENSARON AÑOS

Las organizaciones del Consejo no llegaron a prever la forma y el tiempo preciso del estallamiento armado, por lo que en un primer momento hubo desconcierto y confusión entre sus filas. Pero en pocas horas y días se dio el proceso de agrupamiento o de reagrupamiento en el plano central. Algo que precipitó la unión o convergencia de fuerzas tan diversas fue el propio interés del gobierno por abrir un espacio social y político de negociación distinto al representado por el ejército zapatista, con el establecimiento de una improvisada "mesa de concertación" por parte de algunas dependencias (articuladas por la Secretaría de Desarrollo Social), que hizo desbocar el "demandismo" de diversos núcleos organizados (recuérdese, por ejemplo, la reunión de algunas organizaciones campesinas con Carlos Rojas y con Arturo Warman los días 8 y 9 de enero).

Pero en menos de dos semanas la iniciativa gubernamental había sido ampliamente rebasada por los acontecimientos y por el empuje de las organizaciones sociales independientes, que lograron colocar en un segundo plano el espacio de negociación de la demanda propiamente económica (de las que atiende el Pronasol, se entiende), y en un primero las demandas de afectación de tierras, de la renuncia de 21 presidentes municipales priistas, de la apertura de un proceso general de reforma política regional y en el estado, de reconocimiento a los pueblos indios y a sus formas de vida y de cultura, de solución al problema de los expulsados y de los refugiados, de liberación de detenidos por la guerra, así como de revisión de expedientes de los 2 877 indígenas concentrados en las cárceles de Chiapas.

Si hay días que resumen años, éstos fueron para el CEOIC el tiempo que cubre del 13 de enero al 15 y 16 de febrero, ciclo

63

en el que cumplió por lo menos tres objetivos: 1) se afirmó como la fuerza social y política más relevante del estado de Chiapas, después del EZLN, dentro de un marco de definiciones que la ubicaron claramente como "amiga" de los zapatistas; 2) Se convirtió en el motor fundamental de la denuncia política y civil y de las movilizaciones sociales —no armadas— en la entidad, ya fuera en su condición de "paraguas" de acciones más o menos espontáneas de diversos sectores de la población, o de impulsora directa de las mismas en el terreno agrario, de los derechos humanos, de la acción contra presidentes municipales autoritarios y corruptos, etcétera; 3) Se construyó como el interlocutor privilegiado de la acción "pronasoliana" y de la oferta económica y asistencial del gobierno, con la conquista del sistema modular de atención a indígenas y campesinos que fuera puesto en marcha el 5 de febrero.

La dificil negociación de las "demandas económicas"

El conflicto armado, decíamos, genera el interés gubernamental por crear un polo de atención a demandas económicas en un frente distinto al zapatista. Se entiende que tal interés proviene a la vez del propio impulso del movimiento campesino e indígena generado desde el 1 de enero en el conjunto del estado, motivado directa o indirectamente por la insurrección del EZLN y sus primeros efectos sicológicos en amplias áreas del mapa chiapaneco. Los primeros ofrecimientos gubernamentales vienen de la Secretaría de Desarrollo Social, que promete gestionar y resolver en pocos días lo que el conjunto de las dependencias gubernamentales no han acertado a resolver en años.

El proceso lleva en pocos días a la constitución de los Módulos de Atención a Indígenas y Campesinos (instalados el 5 de febrero), donde se "negocia directa y públicamente con el conjunto de las organizaciones agrupadas en el CEOIC". Pero dicho sistema modular pronto anuncia su talón de Aquiles: no tiene capacidad para resolver nada que ver con "la política" (destitución de presidentes municipales, formación de concejos municipales, etcétera), con los asuntos relativos a los expulsados, a los derechos humanos o a la tierra, que son precisamente los problemas que las organizaciones del Consejo ponen por delante conforme se alarga y toma forma el nuevo espacio de conflicto. Los Módulos nacen en lo fundamental como una nueva variante del Pronasol, modificada sólo o fundamentalmente por el monto de recursos —cuantiosos— prometidos, por la rapidez de su canalización, por el trato unificado de las dependencias o áreas gubernamentales implicadas y, sobre todo, por el nuevo esquema de "concertación", que pasa en su conjunto por un trato directo y de privilegio (frente a otros actores, como los presidentes municipales) con las organizaciones sociales "realmente existentes".

Pero las organizaciones del CEOIC han dado a los Módulos de Atención el lugar que, en opinión de muchos de sus dirigentes, justamente les corresponde en el espacio y tiempo de la guerra: sirven para desahogar viejas y nuevas agendas de proyectos económicos de núcleos campesinos e indígenas organizados, y ello gracias en lo fundamental a las condiciones generadas por el propio levantamiento zapatista. La lucha por transformaciones de fondo se encuentra entonces en otros espacios y cuenta con otros interlocutores.

EN EL CAMINO DE LA DEFINICIÓN PROGRAMÁTICA: EL VOTO POR LA DEMOCRACIA

La rápida maduración del CEOIC se dio también en el terreno programático. En su reunión del 13 de enero (fecha en que se constituye formalmente como Consejo) se pronuncia a favor de la constitución de un régimen especial para las comunidades. Pero antes habla del "sagrado derecho del pueblo a elegir y remover en todo momento a sus representantes". Por lo pronto, plantea como imprescindible la destitución de varios presidentes municipales, quienes deben ser sustituidos por concejos de ciudadanos elegidos democráticamente en las colonias, barrios, ejidos y comunidades, "en forma independiente del gobierno, a fin de que realicen entre otras funciones la planeación municipal, vigilancia del uso del presupuesto municipal, solicitud de proyectos productivos, y se responsabilicen de la instrumentación y ejecución del proceso electoral ya próximo..."

El marco general en el que se mueven tales propuestas de reforma política está dado por la idea de "establecer una nueva relación entre el Estado, los pueblos indios y las organizaciones sociales". La formación de la CEOIC —en la concepción misma de las organizaciones del Consejo— ya representa por sí misma un paso hacia dicha transformación, por lo que se concibe no como una instancia transitoria de negociación política y de demandas económicas, sino como un poder en gestación que llegue a ser reconocido como "el único órgano de concertación y decisión para asuntos políticos, económicos, sociales y culturales" (reunión del CEOIC del 22, 23 y 24 de enero). Para que ello fuera posible habría que descentralizar todos los proyectos productivos de los "gobiernos" para que "pasen a ser directamente administrados por los representantes de las organizaciones sociales de cada uno de los municipios".

LAS "REGIONES COMPACTAS DE TERRITORIOS INDÍGENAS"

En la misma concepción de las organizaciones hegemónicas del CEOIC el proceso de cambios llevaría a un "reordenamiento territorial de Chiapas creando regiones compactas de territorios indígenas", administradas en todo momento por "los pueblos pluriétnicos que componen dicha región". Se está pensando entonces en la constitución de "regiones autónomas" que serían también "regiones políticas", pues los pueblos indios elegirían a sus representantes populares ante los Congresos del estado y de la Unión, y nombrarían a sus propios presidentes municipales. Pero no se trata de una reforma circunscrita a los límites del estado de Chiapas, sino de un cambio que implica al Estado nacional. "En la actualidad —nos dice un documento del Consejo— la democracia se expresa esencialmente en la pluralidad. Un programa que no parte de la pluralidad y de los derechos de los pueblos como base fundamentadora de un nuevo Estado y de una nueva nación continuará enterrando sus raíces en un modelo de Estado etnocrático, colonial y opresor. (Por ello), cualquier proyecto de sociedad que no cuestione el modelo de Estado-nación etnocrático será un mero cambio de ropaje del colonizador y estaremos condenados en el futuro de los pueblos indios y campesinos a la continuación de una relación de opresión, marginación y una gran desigualdad nacional" (documento presentado por la Comisión de Legislación de la CEOIC, en su reunión del 15 y 16 de febrero).

LA "PROPUESTA PARA EL DESARROLLO" Y EL NUEVO PACTO FEDERAL

La "Propuesta para el desarrollo" de la CEOIC (presentada y aprobada en la reunión del 15 de febrero) integra nuevas definiciones programáticas. La cuestión de la tierra se ubica en el primer plano, pues sin ella "no hay vida ni progreso". Se trata en consecuencia de abrir una nueva fase de reparto, pero en el entendido de que "la afectación de latifundios" es sólo una parte del problema: habría que investigar también la existencia de tierras ociosas y de terrenos nacionales, para "cubrir la demanda y poder iniciar el reordenamiento de territorios pluriétnicos compactos que faciliten el aprovechamiento integral de los recursos y las inversiones". Donde aún existan peones acasillados ("es inconcebible —nos dice un documento del CEOIC— que al final del siglo XX en el estado de Chiapas existan peones acasillados y jornaleros agrícolas que a pesar de trabajar 12 horas diarias no reciben el salario mínimo y no gozan de las prestaciones de la ley"), la propuesta del Consejo es que se otorgue a éstos "automáticamente la tierra de los patrones..., puesto que durante toda la vida explotó a los campesinos de la manera más injusta".

67

En la perspectiva de las organizaciones hegemónicas del CEOIC, el camino de las grandes transformaciones en Chiapas pasa, a la vez, por una modificación a fondo del pacto federal, pues la entidad "no puede seguir siendo para la nación el pozo petrolero, el generador de energía eléctrica o la gran reserva ecológica". En el nuevo pacto tendría que definirse una modificación en los patrones gubernamentales de inversión, "distribuyendo al medio rural cuando menos el 60 por ciento, considerando que éste es el porcentaje de población que habita en el campo".

En lo inmediato tendrían que romperse algunos de los candados del esquema de dominación tradicional. Sería necesario, primero, redefinir todo el sistema de manejo y de canalización de los recursos, dando a las organizaciones sociales representadas en el CEOIC —y al CEOIC mismo— capacidades legales para participar de manera directa en la planificación, ejecución y evaluación de los planes y proyectos de desarrollo. Habría que modificar —también en lo inmediato— la ley de veda forestal y la ley ganadera, pues con ellas "se responsabiliza a indígenas y campesinos" de los desequilibrios ecológicos y se impide una explotación "razonada e integral de los recursos considerados".

La estrategia de inversiones "por goteo", asistencialista y clientelar del Pronasol y de otras políticas gubernamentales es implícitamente criticada por el CEOIC, con la propuesta de dejar en las organizaciones sociales la responsabilidad mayor en el manejo de programas de desarrollo, pero no sólo eso: se trata de "promover una política de fomento y de grandes inversiones hacia el campo", con programas especiales para "el rescate de la tecnología y el conocimiento tradicional de nuestros pueblos". Se haría necesario, con ello, diseñar y ejecutar programas estatales de construcción de caminos y puentes, de instalación de telefonía rural y radio de banda civil, de construcción y mejoramiento de "vivienda digna" (con la creación de empresas constructoras en manos de las organizaciones), de electrificación de todas las comunidades y ejidos, de construcción de clínicas "con el personal y medicamentos suficientes".

No es menor el esfuerzo de la CEOIC por plantear claras exigencias y propuestas de solución a problemas tales como el de los expulsados y los refugiados o el de los derechos humanos (se exige, por ejemplo, no sólo la libertad de presos políticos, sino la revisión de los expedientes de todos los indígenas encarcelados).

La "matriz" de la propuesta ceoicista se empalma sin duda en muchos sentidos con la que ha adelantado o perfilado el EZLN. Pero ello no presupone (como decíamos en otro lugar) un acuerdo político de partes: se trata de una verdadera convergencia de ideas que nace de una historia común de agravios y de procesos de lucha que tiene décadas o siglos.

Puede verse sin dificultad que el modelo de cambios que propone e impulsan las agrupaciones sociales chiapanecas representadas por estos dos polos organizativos no admite soluciones meramente locales o regionales: aquí de nuevo encontramos su vigor, pero también sus debilidades. El complejo juego de fuerzas desatadas se extiende sobre el plano nacional y lleva a una confrontación global que, pacíficamente o con violencia, dará a la luz una nueva versión, buena o mala, del "México moderno".

La Jornada, 22 de febrero de 1994

Encuentro de Cárdenas y el EZLN en la selva

La inmensa bola de humo lanzada por algunos medios de comunicación en torno a la visita de Cuauhtémoc Cárdenas a la selva Lacandona, en la zapatista Guadalupe Tepeyac, no llegará a tener la espesura suficiente para ocultar lo que desde nuestro punto de vista resulta sustantivo del encuentro, a saber, que el candidato del sol azteca fue tratado por el EZLN y el *subcomandante Marcos* en calidad de un futuro jefe de Estado; como una de las opciones más viables y a la mano para que pueda darse la vía pacífica a un cambio de régimen (que no de gobierno); como el único candidato a la Presidencia de la República (de los nueve que actualmente participan en la contienda electoral) que puede adoptar sinceramente —como lo hizo verbalmente Cárdenas en el encuentro— los 11 puntos por los que los zapatistas se fueron a la guerra en el amanecer de 1994.

Los zapatistas preguntaron a Cárdenas sobre sus propuestas y su programa para el futuro gobierno, pero también dieron marco a sus propios anhelos de cambio y a sus ideas de lo que viene: fin del sistema de partido de Estado, gobierno de transición y nueva constitucionalidad, pluralidad de mandos gobernantes, construcción de una nueva socialidad. Las coincidencias fueron importantes, y predominaron sin duda sobre los puntos de divergencia, con todo y la evidencia y el reconocimiento implícito de la gran disparidad en concepciones ideológicas y en "métodos". No se firmó ningún pacto político. A nadie se le ocurrió que desde allí podría influirse para *zapatizar* al PRD o para *perredizar* al zapatismo: el EZLN no tendrá opciones concretas de votar por Cárdenas, ni éste de contar con el primero para acciones de propaganda política en favor de su candidatura. Todo el diálogo se movió sobre el supuesto básico de la diferencia, y de la clara definición de cada una de las partes de defender sus propios colores de lucha y sus banderas.

El candidato Cuauhtémoc fue tratado con calor humano y con respeto. El protocolo y el formato del encuentro poco tuvo que ver con una "pasarela", y lo que pronto se convirtió en una magnífica fiesta popular caló profundo en la mente y en el corazón del conjunto de los invitados. Muchos indígenas llegaron a Guadalupe Tepeyac después de varios días de camino en una concentración masiva de efectivos civiles y del EZ que rebasó con mucho el número de los que unos días antes recibieron a don Samuel Ruiz y a Manuel Camacho.

Cuando el humo al que nos referimos empiece a desvanecerse, será posible ver con toda nitidez el sentido profundo y serio —por más que pudiera parecer excesivo— de la crítica que la dirección zapatista lanzó, en boca del *subcomandante Marcos*, al Partido de la Revolución Democrática (PRD), pues no se trató de un juicio sumario para descalificar a dicho organismo partidario frente a sus reales y virtuales electores, sino de una advertencia que apunta directamente hacia el futuro (inmediato, dados los actuales tiempos políticos): ¿Podría un nuevo gobierno, surgido de las cenizas del régimen de partido de Estado, sustentarse en las actuales formas y contenidos del quehacer perredista?

Mucho habría sin duda que reconocer y rescatar, pues el PRD ha demostrado con sus luchas y sus muertos que camina en la ruta de la democracia. (Elementos de esta valoración estuvieron sin duda presentes en el encuentro de la selva, pues de otra manera sería inexplicable el formato mismo de la reunión así como una buena parte del discurso zapatista, a pesar de las críticas.) Pero en nuestra opinión éste no era el punto, ni era el papel del EZLN meterse a todo tipo de evaluaciones rebuscadas y sutiles. El centro del debate estaba del lado de las carencias y los vicios, de lo que falta por hacer, de los déficits y no de los saldos, de la grave crisis y de la anemia que sufren algunos núcleos perredistas (como es el caso notable del propio PRD chiapaneco), de la preocupación emergente por algunas contradicciones evidentes que, de cara a lo que viene, amenazan con resquebrajar al perredismo e inhabilitarlo para enfrentar los retos que el cambio democrático le impone.

¿Que no era el momento adecuado para hacer la crítica, dada la actual campaña de linchamiento contra el PRD y su candidato orquestada por el gobierno? Pero si éste no lo era, ¿tendría que haberse hecho por carta y debajo de la mesa o en vísperas de las elecciones federales? ¿Que no fue la forma más adecuada para realizarla? Pero si ésta no lo fue, ¿qué formas o maneras de diplomacia habría que exigirle a una fuerza indígena que ha tomado el camino de las armas para pelear por reivindicaciones y derechos tan fundamentales y simples como los que se expresan en los 11 puntos de la Declaración de la Selva?

Si la forma es contenido, la radicalidad o fuerza de la crítica del EZLN al PRD se empata con la advertencia mayor de no hacer a un lado a "los de abajo", con el consejo de escuchar atentamente lo que hoy dice el México profundo, con la idea o propuesta de hacer todo lo posible por ganar la credibilidad y fuerza necesarias para lograr el cambio, con la exigencia, en fin, de recuperar los tiempos de la esperanza para las amplias masas. Hacia el voto efectivo y no hacia el abstencionismo habría que conducir a "los sin rostro", a "los que nada tienen". Ésa es la vía de la paz y el PRD, entre otras fuerzas, podría asegurarla. La otra vía sería la de la guerra que, aunque parezca paradójico, es la que menos pretende el zapatismo.

Por ello es que el PRD cometería un gravísimo error si evaluara las definiciones del EZLN como una afrenta a sus banderas y principios. Reaccionar a la defensiva, en este caso, centrándose en la "parcialidad de la crítica" o en "los excesos" verbales del discurso de *Marcos*, sería tanto como alimentar aquellas tendencias que, instaladas en la autocomplacencia, piensan desde el partido de Cárdenas que todo marcha a pedir de boca y que sólo hay que hacer ajustes menores en el rumbo. Reaccionar a la defensiva y sin ver hacia adelante sería a su vez tanto como cancelar las posibilidades de un diálogo que, establecido

72

entre fuerzas distintas como el EZLN y el PRD, expresa una comunicación que va mucho más allá de las siglas mencionadas y se da —o se pretende dar— entre voces plurales y diversas de amplios sectores populares.

La Jornada, 19 de mayo de 1994

El pacto de *Aguascalientes.*
La Convención Nacional Democrática

1. En el marco hoy ya común de las analogías, aun si éstas tuvieran un sentido meramente metafórico, tendríamos que decir que la Convención Nacional Democrática (CND) selló el pacto político entre un maderismo social, fuertemente instalado en —y disparador de— un portentoso movimiento civil y de masas por la democracia, y un zapatismo capaz de romper los cercos que le quisieron imponer los que aparecían como sus aliados naturales (los genéricamente denominados *ultras*), a saber, los que enarbolando un discurso maximalista querían que la CND fuera, de suyo, el germen o la expresión directa de un poder popular o clasista, y se manifestara en favor de un programa o de una vía abstencionista, "antielectorera" y "antirreformista". Dicho pacto no excluyó a los *ultras* —que con todo y sus esfuerzos por dominar el escenario de la Convención quedaron ubicados en un plano muy secundario—, sino que los integró en un bloque de fuerzas *con hegemonía*, en el sentido estricto en el que se expresa o se define este concepto en el discurso gramsciano de la política.

2. El discurso o los resolutivos de la CND, así como la composición de su dirección o presidencia colectiva, no deja lugar a dudas sobre las vías o las definiciones prácticas que prevalecerán en lo que viene: unificada en torno del objetivo de liquidar de una vez y para siempre el sistema de partido de Estado, dirige sus esfuerzos principales a ganar por la vía del voto efectivo las elecciones del 21 de agosto, en favor de un candidato capaz de enarbolar las banderas básicas de la propia Con-

vención, ordenadas sobre dos ejes precisos: gobierno de transición y nueva Constitución.

3. La CND no cayó en el error de nombrar a Cárdenas su candidato, con todo y que éste es el único de los nueve en discordia que se aviene a los términos precisos de los resolutivos del encuentro. Cuauhtémoc es, sin duda, el candidato de la transición a la democracia, y la idea de una nueva constitucionalidad proviene directamente de su propio programa político de campaña. Pero la CND no podría traicionar su espíritu de pluralidad ni aplicar un lineazo corporativo: es en este punto preciso en que la CND no es comparable con la Convención de *Aguascalientes*, pues no estaba en sus definiciones ni alcances nombrar un gobierno provisional. Tal era la idea maximalista de algunos grupos de la *ultra*, pero no podía prosperar en el marco de las alianzas o de las convergencias básicas que cuajaron en el espacio de la reunión de la selva.

4. La clave de la unidad convencionista estuvo en la precisa definición de acabar de una vez y para siempre con el sistema de partido de Estado. Por ello la CND no quedó articulada sólo en torno de un "programa mínimo", por más que se hayan evadido o nulificado las posiciones maximalistas de la *ultra*. La Convención del nuevo *Aguascalientes* pactó un programa de cambio de régimen —y no sólo de gobierno—, y con ello dio una justa dimensión a sus propias definiciones frente al reto electoral del 21 de agosto: luchar contra el sistema de partido de Estado significa, en primera instancia, votar contra el PRI y contra el PAN, pero no sólo eso. Significa, a la vez, votar en contra de los partidos satélites, piezas fundamentales del propio sistema de partido de Estado. También quedaron implícitamente eliminadas las opciones de apoyo a un gobierno "del PRI sin el PRI" (¿la "opción Camacho"? ¿la "opción Carpizo"?), que pudiera surgir en la eventualidad de una catástrofe política en los próximos comicios, producto de un empate electoral o de una rebelión social incontrolable frente al fraude.

5. El pacto de *Aguascalientes* se suscribió sobre el acuerdo básico de luchar por un cambio de régimen, pero en la dirección estricta de hacerlo por una vía pacífica, sustentada en

el voto y en las movilizaciones civiles pre y postelectorales (en caso de fraude). Tal como ha sido reiteradamente señalado por los zapatistas, ello no significa que el EZLN renuncie a tomar el camino de la guerra, pero esta decisión no compete ni compromete a la CND, cuyos alcances de definición y compromiso —en el marco de la unidad con hegemonía allí establecido— llegan sólo al punto preciso que se indica. En caso de fraude electoral el conjunto de fuerzas representadas en la CND abrirá un proceso nacional de insurgencia civil por la democracia, y a ello se someterá la "crítica de las armas". El pacto de la selva presupone entonces la dirección civil de todo el proceso ("El EZLN ya no se manda solo", diría el *subcomandante Marcos*), en el entendido de que el acuerdo convencionista quedaría nulificado ante un cambio brusco de las condiciones políticas del país, en particular si ello implica la reapertura de las acciones bélicas por cualquiera de las partes.

6. No es éste el lugar para hablar del programa "máximo" de la Convención, rico en lineamientos sobre la eliminación del corporativismo y el presidencialismo, la descentralización de poderes o la libre asociación profesional, política o civil de los individuos. Pero vale la pena mencionar que la idea de formular una nueva Constitución se atiene también a las reglas no maximalistas expresadas por las fuerzas básicas del pacto, de tal forma que la orientación fundamental de la CND en torno del punto no es crear una nueva Carta Magna "clasista o revolucionaria" —en el sentido en que estos términos son utilizados por aquellos que hablan de la "instauración de un poder obrero, campesino, indio y popular"—, sino redactar un documento que, "con base en los principios de la Constitución del 17, vuelva a incorporar, con las mejoras que nuestra realidad demanda, los derechos políticos y sociales que el neoliberalismo ha eliminado". Entre otras, la nueva legislación deberá integrar "a la legalidad realidades como el plebiscito, el referéndum popular, la autonomía de las comunidades indígenas, los derechos políticos de grupos no partidarios de ciudadanos, el derecho de actividad política de organizaciones [...] regionales, locales o nacionales pequeñas, la aplicación de la justicia para sancionar

conductas delictuosas de funcionarios públicos" (Propuesta del EZLN a la Convención, en *La Jornada,* 31 de julio de 1994).
7. En la CND se materializa, pues, un pacto político sin precedentes (débiles o desdibujadas comparaciones podrían hacerse con experiencias como las del FNAP en los años setenta, o de la ANOCP en los ochenta), cuya originalidad no sólo reside en su composición de fuerzas sino en su forma: realizada en la selva, rompe las fronteras o los límites que separan lo "interior" de "lo exterior", y hace nacer dentro del "territorio de guerra" un templo de la sociedad civil para la paz (*Aguascalientes*). Y ésta fue, sin duda, sólo una de las más significativas "paradojas" con las que el genio zapatista vino al mundo a renovar prácticas e ideas. La lección es soberbia.

La Jornada, 13 de agosto de 1994

La hora cero de la democracia y el cardenismo

1. En el camino hacia el 21 de agosto de 1994 se logró articular uno de los movimientos democráticos más importantes de las últimas décadas —uno de los dos o tres más relevantes del siglo—, bajo la conducción de Cuauhtémoc Cárdenas. Este movimiento expresó, por un lado, una vertiente civil que algunos han caracterizado como maderismo social, claramente centrada en una propuesta de reforma dirigida a eliminar el sistema de partido de Estado y sus manifestaciones y formas autoritarias y corporativas y, por otro, una vertiente popular que, además de la liquidación de dicho sistema, plantea líneas de transformación en lo social —como la cuestión indígena y campesina— que confrontaron una buena parte de las reformas constitucionales y de política que echó a andar en el pasado sexenio Salinas de Gortari.

2. La expresión más concentrada de la convergencia de estas dos vertientes políticas se dio en las figuras, por un lado, de Cuauhtémoc Cárdenas y, por otro, del EZLN. Pero fue el cardenismo, sin duda, el que dio ritmos, tiempos y definición de objetivos y metas básicos en el periodo; a ellos se articuló la que en otras condiciones y tiempos se definía a sí misma como una fuerza abstencionista; fue el cardenismo el que tuvo la dimensión nacional y la expresión programática más precisa, y en torno a su programa se tejieron no pocos de los lineamientos "mínimos" de cambio que el EZLN adoptó entre mayo y agosto de 1994. La primera reunión de la Convención Nacional Democrática, realizada en *Aguascalientes,* Chiapas, expresó nítidamente la convergencia de estas dos vertientes con

todo y los roces y diferencias de opinión que en torno a los objetivos y alcances de dicho acto se manifestaron.

3. Algunos piensan o calculan que el 21 de agosto constituyó el fin del cardenismo y que, con ello, se abrió un nuevo ciclo de participación y lucha en el que, "corrigiendo los excesos" de la fase anterior, es posible establecer diálogos y acuerdos con el zedillismo para un tránsito pactado hacia un régimen, si no democrático, sí menos autoritario y corporativo. El grave problema para esta vertiente de la vida política del país, hoy instalada en puestos claves del perredismo, es que sólo puede acumular puntos para una agenda real de negociación (cualquiera que ésta sea) basándose en la fuerza social y política que hasta hoy le ha dado precisamente el cardenismo, y más recientemente también el nuevo zapatismo. En cualquiera de los casos, y vista la situación prevaleciente en Chiapas y Tabasco (por no mencionar sino lo más reciente y obvio), es difícil pensar que el nuevo equipo gobernante tenga una real y definida proclividad negociadora.

El punto obviamente no es si se negocia o no se negocia. No es si se dialoga o no. El punto es qué se negocia y desde dónde y cómo se dialoga. Y los "mínimos" ya han sido claramente definidos por la fuerza y voluntad del movimiento democrático presente, a saber: un principio firme de solución a los problemas de Chiapas y Tabasco, una redefinición de las reglas del juego político nacional, que incluye obviamente en una primera instancia la "limpia de procesos electorales fraudulentos" y la seguridad de que habrá una real reforma política; un acuerdo básico para abrir —por lo menos— un debate efectivo para el cambio constitucional, en aquellos niveles o rubros en los que el salinismo echó para atrás conquistas sociales fundamentales.

Éste no es un programa "máximo", pues está anudado y determinado definidamente por las condiciones en que se vive la crisis política postelectoral (crisis gobernante por la sucesión, con sus crímenes políticos y ajustes de cuentas; fraudes el 21 de agosto, nacional, en Chiapas, y más recientemente en Tabasco) y, dentro de ello y sobre todo, por las condiciones en que se vive el actual conflicto político de Chiapas.

79

4. Después del 21 de agosto, el vínculo entre el maderismo social y el zapatismo (entendido este último en su condición de movimiento social nacional y civil, y no sólo en su dimensión EZ-Chiapas) quedó dañado, o dejó de tener canales e instrumentos comunes de expresión. La Convención Nacional Democrática se fue transformando paulatinamente en una organización de organizaciones populares de izquierda, con una gran potencia y relevancia, pero incapaz de proyectar, orgánica y programáticamente, las perspectivas de un amplio movimiento civil y popular por la democracia.

5. La agenda que hoy impone la situación nacional obliga a replantear los términos y las condiciones en los que puede establecerse un nuevo frente por la democracia en el que se rearticulen ambas corrientes de la vida social y política del país. Que tenga, al mismo tiempo, las posibilidades de atraer a amplios sectores sociales que hasta hoy no se han involucrado directamente en la movilización nacional democrática. Los únicos capaces de convocar a este gran movimiento son, por un lado, Cuauhtémoc Cárdenas y, por otro, la Convención Nacional Democrática. A la posibilidad de construir este gran movimiento se refirió el ex candidato presidencial del perredismo el pasado 1 de diciembre, cuando habló frente a un mitin multitudinario en el Monumento a la Revolución. A esta posibilidad constructiva se refirió, a la vez, uno de los últimos comunicados del EZLN, cuando invitó a Cárdenas y a la Convención Nacional Democrática a sumar esfuerzos para "crear un amplio frente opositor".

6. En dicho movimiento —Movimiento Nacional Democrático (MND), nombrémosle así por vía de mientras— participarían sin duda fuerzas importantes del PRD, pero éste, como tal, no tendría en él una representación directa ni preponderante, y no sólo por la propia naturaleza de la nueva organización social y política que se construya, sino por la profunda crisis en la que se debate un perredismo que, fuera del marco electoral y legislativo, después del 21 de agosto parece no tener capacidades de operación ni de propuesta, ni intenciones o posibilidades mayores de arraigo en lo social, que no sea por la libre

determinación de sus miembros y dirigentes intermedios y de base.

7. Convocar a la construcción del MND parece ser una tarea urgente, sobre todo si se piensa que Ernesto Zedillo ya ha declarado la guerra a los chiapanecos, y no sólo con la imposición de Robledo. El MND levantaría en lo inmediato las banderas de una paz digna, y se movilizaría en torno a las propuestas y programa del gobierno que a partir de ayer encabeza Amado Avendaño Figueroa. Tabasco es otro punto obligado de la agenda, con la exigencia de realizar allí nuevas elecciones.

El programa nacional del MND no tendría que inventarse ni improvisarse. Existe ya en los lineamientos de lo que fue la campaña electoral de Cárdenas, en los planteamientos de la Convención Nacional Democrática, en las propuestas del CEOIC, en las demandas y definiciones de los pueblos rebeldes del norte chiapaneco, y en las significativas aportaciones del amplio movimiento cívico que peleó en las elecciones del pasado 21 de agosto.

La Jornada, 9 de diciembre de 1994

ENTRE EL DIÁLOGO Y LA GUERRA:
DE LA CATEDRAL DE SAN CRISTÓBAL
DE LAS CASAS A LA INSTALACIÓN
DE LA MESA SOBRE DERECHO
Y CULTURA INDÍGENA
(1994-1995)

El marco constitucional
en las *conversaciones de la Catedral*

El reconocimiento de que "en Chiapas no se realizó a plenitud el proceso de reforma agraria", expresado en el proyecto de acuerdo entre el EZLN y el gobierno federal en la mesa de diálogo de San Cristóbal, es ácido puro para el nuevo 27 constitucional y su ley reglamentaria, y contradice el discurso dominante del salinismo en materia de política hacia el sector agropecuario. En el documento mencionado, también tienen efectos corrosivos para el nuevo 27 la reiteración de la existencia de latifundios, la propuesta de constituir un "fondo de tierras" para reparto, la idea de promulgar una iniciativa de "ley de justicia agraria del estado", y la definición expresa de que es necesario "integrar y proteger el patrimonio familiar en las comunidades indígenas".

La pretensión de constreñir —y justificar— los alcances agraristas del documento a las condiciones específicas de Chiapas resulta un ejercicio por demás inútil, porque una ley general, en este caso la Constitución, no puede admitir situaciones de excepción. Pero además es obvio que las condiciones prevalecientes en la entidad sureña caracterizan la problemática agraria de otros estados. "Te venimos a recordar que no sólo en Chiapas hay indios", le dijeron a Salinas los más de mil indígenas que el viernes se posesionaron del Zócalo capitalino. Miles de campesinos de otros lugares tendrán razones suficientes —ya lo están haciendo— para lanzar el mismo reto y reivindicar como propios los avances de la propuesta de San Cristóbal.

Lo mismo sucede con otras definiciones importantes del documento mencionado, tanto en lo que se refiere a las reivindicaciones específicas de los pueblos indios, a la constitución de nuevos municipios ("que permitan una mejor representación y cercanía de las autoridades al pueblo, como modalidades de cabildo"), a la formación de "órganos electorales [que] se conformen mayoritariamente con ciudadanos independientes del gobierno y de los partidos políticos", o a la manera de plantear cuestiones relativas a la enseñanza. Con todo y que no se cumplen algunas exigencias importantes de carácter nacional, lo ganado por el EZLN en la mesa de San Cristóbal (así sea todavía bajo la forma de promesas, pues no se trata de cualquier tipo de promesas) "le queda grande" al actual marco institucional y legislativo.

Lo que vendrá a ser la ley reglamentaria del artículo cuarto constitucional (la Ley General de los Derechos de las Comunidades Indígenas) entrará en contradicción con el contenido "culturalista" de la redacción actual de dicho artículo, pues en la propuesta de acuerdos de San Cristóbal se adelanta que la iniciativa de ley reivindicará para las comunidades indígenas "su derecho a autogobernarse con autonomía política, económica y cultural", con el reconocimiento de "las instituciones, autoridades y organizaciones tradicionales y su control por parte de estas últimas, así como los procedimientos que emplean para aplicar la ley, sus reglas consuetudinarias y sus hábitos, costumbres, usos y tradiciones en sus relaciones familiares, civiles, de comercio interno, de sanción de faltas, de tenencia, aprovechamiento agrícola de sus tierras". También se abre la posibilidad de que una nueva estructura distrital dé a las étnicas una representación propia en los congresos.

Por ello es que el "documento de propuesta de acuerdos" de San Cristóbal puede verse ya como un triunfo inobjetable del zapatismo, por mucho que se escamoteen definiciones y se nieguen algunas respuestas esenciales. Su sustancia es subversiva, pues empuja, como nadie lo había logrado hasta el momento, hacia un proceso de cambios nacionales que (como dijo recientemente el *subcomandante Marcos*) requiere el concurso de las más amplias fuerzas políticas y sociales. Serán estas amplias fuerzas (el EZLN entre ellas) las que permitan el cumplimiento de los acuerdos y "completen" el cuadro: reformas al artículo 4°, 27, 3° y 115 de la Constitución, para sólo referirnos a algunos de los más "contrastados" con el esquema de cambios surgido de San Cristóbal. Por la misma presión y fuerza social tendría que imponerse una nueva legislación electoral (ya se anuncia la convocatoria a un periodo extraordinario de sesiones de los congresos federal y estatal para discutir y aplicar estas reformas), así como una redefinición de todo el modelo de política económica y de "combate a la pobreza".

La estrategia de Pronasol también es implícitamente criticada y "superada" en el marco de la propuesta de acuerdos de San Cristóbal. Su política de inversiones "por goteo", su renuncia a establecer un claro esquema de prioridades de gasto, así como su desinterés para fijar plazos específicos en el logro de metas de bienestar, son sustituidos por propuestas de inversión de carácter global y programas realmente dirigidos a enfrentar los males de la pobreza extrema.

El "remozamiento de aulas" del Pronasol (Escuela Digna) es desplazado, entre otras, por la propuesta de "establecer un programa de elevación de la calidad de la educación pública en la zona". Para enfrentar la miseria en el estado de Chiapas se perfilan además (aparte de las acciones estructurales, como el reparto agrario, y la definición de una estrategia de inversiones que permita "la creación del mayor número de empleos en el corto plazo", etcétera): la presentación de un "programa completo de salud para 1994 y para los tres años subsecuentes", y de otro de emergencia en campañas de salud y sanitarias aplicadas en todo el estado; la aplicación de un programa general de construcción y mejoramiento de vivienda, y de otro de atención a los "niños de 0 a 6 años que están afectados por desnutrición extrema"; la puesta en marcha de "acciones de mejoramiento nutricional a partir de la propia actividad agropecuaria", con la formación de una red de tiendas y de transporte comunitarios manejados por los propios campesinos, que reduzcan los márgenes de intermediación de coyotes y caciques; el apoyo a la mujer campesina, con la construcción de clínicas, guarderías, cocinas y comedores populares, molinos y tortillerías, granjas, panaderías, talleres de artesanía, escuelas de nivel pre-maternal y maternal.

Es, pues, el plano global de la filosofía y prácticas del salinismo —no alguna de sus partes— lo que queda en cuestión en la propuesta de acuerdos de San Cristóbal. Con todo y que no hay una respuesta cabal a todas sus demandas, los zapatistas han logrado impactar definida y contundentemente los marcos generales en los que opera un proceso de transición en el que ellos se asumen como una entre otras fuerzas transformadoras. Falta mucho por hacer y mucho por ganar, pero todo parece indicar que el cambio de calidad vendrá muy pronto.

La Jornada, 7 de marzo de 1994

La consulta zapatista en torno a
"la propuesta de acuerdos" de San Cristóbal

Seis días de estancia en la selva Lacandona nos permitieron acercarnos a la consulta que el EZLN lleva a cabo en torno de la "propuesta de acuerdos" de San Cristóbal presentada por Manuel Camacho, hasta el momento concentrada en asambleas de representantes que a partir de hoy "bajarán" la discusión a los núcleos de base de las comunidades. Aquí nos referiremos a algunos de los nudos del debate, tal y como han ido presentándose, como aclaraciones y preocupaciones expresadas por algunos miembros de la dirección del núcleo zapatista más que como resoluciones, dado que —insistimos— acaba de terminar apenas la primera fase de estudio y evaluación del documento referido.

1. El proceso de discusión sobre las "propuestas de acuerdo" surgidas de la Mesa de San Cristóbal llevará más tiempo del que algunos suponían, pues debe pasar por una traducción de dos carriles: la que tiene que ver propiamente con la lengua (al tzotzil, tzeltal, chol o tojolabal), y la que tiene que ver con el lenguaje. Ha quedado claro que el documento presentado por Camacho Solís tiene complicaciones jurídicas y sutilezas que poca gente podría descifrar de un solo vistazo, mucho más si se trata de personas que —como los núcleos indígenas implicados— no están acostumbradas a debatir fórmulas o vías de cambio o de respuesta a demandas que se expresan en leyes, decretos o terminajos que provienen de la "alta política". La cuestión se complica en mayor medida por las ambigüedades e imprecisiones de algunas partes del documento referido.

2. Todo tiene a indicar que el proceso de discusión sobre las "propuestas de acuerdo" desarrollado por el EZLN no derivará en un simple *sí* o en un *no* definitivos a los "34 puntos" del documento de Manuel Camacho. Primero, porque no se trata de un solo y homogéneo bloque de definiciones frente al que pudiera decirse (como equívocamente se interpretó por algunos medios de prensa en el curso del diálogo de San Cristóbal) que más allá de determinado "porcentaje de aceptación" de los puntos se estaría dando el sí para la firma. Segundo, porque aún hay lagunas y huecos en el documento referido que no se sabe si significan una negativa oficial a demandas y propuestas de la parte zapatista. Tercero, porque en la "propuesta de acuerdos" del Comisionado hay formulaciones que parecen contradecir el espíritu y la letra del marco legal impuesto por el salinismo (reformas a los artículos 27 y cuarto constitucionales, para sólo mencionar lo más evidente), pero sin que ello derive en una aceptación expresa de que tal marco legal tendrá que ser modificado. Cuarto, porque algunas de las formulaciones y promesas del documento oficial ya están pasando la prueba de los hechos, como es —por ejemplo— la principalísima exigencia zapatista de que un periodo extraordinario del Congreso lleve a una reforma electoral que asegure en agosto unos comicios federales justos y transparentes.

3. No habrá "segunda vuelta" en el proceso de diálogo si el gobierno no cumple unilateralmente algunas condiciones básicas del pliego petitorio del EZLN, o si se sigue operando en el plano de la guerra sucia para cercar y arrinconar militar y políticamente a los zapatistas, así como a las fuerzas directamente implicadas en la lucha por un cambio democrático en el estado de Chiapas. Tendría que verse, por ejemplo, hasta dónde el gobierno está dispuesto a parar el vuelo revanchista de los ganaderos o a atemperar los ánimos guerreros del grupo de coletos que en un principio encabezó el presidente municipal de San Cristóbal.

4. Algunos dirigentes zapatistas han expresado muy claramente su escepticismo sobre diversos puntos y promesas del documento signado por el Comisionado. Pero también remiten

a contradicciones lógicas y jurídicas de la propuesta de acuerdos de Camacho que tienen que ser explicadas o, en su caso, "destrabadas". Un ejemplo en particular resulta significativo. Se dice en el documento que se fraccionarán los latifundios existentes; también se habla de la constitución de un fondo de tierras para cubrir la demanda agraria de los solicitantes. Se insiste en tono agrarista que la reforma agraria no se realizó "en plenitud" en el estado de Chiapas, por lo que se aprobará una ley de justicia en la materia. Pero luego se indica que el fraccionamiento y enajenación de latifundios se llevará a cabo conforme a la fracción XVII del artículo 27 constitucional, lo que simple y llanamente significa que la acción agraria prometida será tan limitada como burocrática. El caso es que la fracción referida no da opciones de reparto o de redistribución inmediata de los latifundios, pues establece que el propietario que se ubica en tal condición fraccionará y enajenará sus propios excedentes "dentro de un plazo de dos años a partir de la notificación correspondiente", y sólo en caso de renuncia la venta de dichos excedentes se realizará mediante pública almoneda (o subasta).

5. Otro caso problemático es el que se refiere a "la integración y protección del patrimonio familiar en las comunidades indígenas", cuestión que sólo en apariencia significa un real avance en el documento presentado por Camacho, pues una buena parte de las tierras comunales (sobre todo en la zona misma del conflicto) están conformadas por ejidos (e incluso por propiedades privadas), y éstos, con el nuevo 27 de Salinas, pierden su condición de propiedad social al individualizarse el título de posesión parcelaria (en la cabeza de familia) y al eliminarse el esquema de la transferencia propietaria por herencia. Es en tales condiciones que el "salto" a la privatización de dichas tierras podría ser sólo una cuestión de tiempo.

6. La propuesta de aprobar una Ley de Justicia Agraria en el estado podría representar, en tales condiciones, más problemas de los que resuelva, por la sencilla razón de que bajo ningún concepto podría ser "más agrarista" que lo que marcan los límites del propio esquema constitucional, profundamente an-

tiagrarista. Pero también porque generaría problemas de "interpretación de la ley" que, en una puja leguleya, llevaría a los campesinos e indígenas demandantes de tierra a moverse entre el mandato o norma de lo general frente al mandato o norma de lo particular expresado en su ley estatal.

Un problema similar aparecería en la discusión y aprobación de la Ley General de los Derechos de las Comunidades Indígenas, si ello no presupone la modificación de los artículos 4o. y 27 constitucionales.

La "propuesta de acuerdos" de San Cristóbal resulta ser, en consecuencia, sólo un principio de diálogo, como bien lo han apuntado recientemente los zapatistas. Llegar a la firma de un documento definitivo requiere aún de muchos esfuerzos, de una presencia mayor de la sociedad civil y del movimiento de masas, y de un proceso de debate nacional en el que el EZLN sea sólo una entre otras —si bien ahora tal vez la más importante— de las fuerzas participantes. Si todo marchara por el buen camino, la próxima mesa de diálogo tendría que abandonar la plaza de San Cristóbal y encaminarse a la ciudad de México.

La Jornada, 18 de marzo de 1994

En el camino hacia el diálogo

Cien días exactos de la nueva vida zapatista marcó el calendario de 1994, cuando el 10 de abril, en el poblado Américas —en la selva—, el EZLN conmemoró el 75 aniversario de la muerte de Emiliano Zapata, a quien ese mismo día "ratificó" en su calidad de "máximo jefe histórico y general supremo de todas las fuerzas regulares e irregulares del Ejército Zapatista de Liberación Nacional".

La fecha de la celebración popular en Las Cañadas marcó así no sólo el tiempo histórico preciso de la resurrección de Zapata, sino el inicio de una nueva fase del ciclo de guerra abierto el primero de enero. Nuestra presencia en la zona durante los días de la celebración nos permitió cuajar algunas reflexiones, producto del contacto con las comunidades zapatistas y de entrevistas diversas con líderes del movimiento.

Todo parece indicar que pronto se reiniciará "la consulta" del EZLN sobre la propuesta del comisionado Manuel Camacho Solís, presentada en las pláticas de San Cristóbal. Para hacerlo, los zapatistas han exigido que se cumplan condiciones mínimas por parte del gobierno, como es la liberación de detenidos y el apaciguamiento de fuerzas que, como los ganaderos y un sector de los coletos, prefieren la vía de la provocación y la guerra.

Pero ahora más que nunca la realización de la *segunda vuelta* del diálogo depende del gobierno: tiene que mostrar un verdadero interés por conducir el proceso hacia una paz digna para los zapatistas; y tiene que mostrar, además, que está dispuesto a acceder a demandas de cambio que en los últimos días han rebasado el contexto de propuestas del Comisionado, y no por presión exclusiva del EZLN sino por la emergencia de un potente movimiento social en el país que, lo menos, pide una reforma electoral profunda y modificaciones constitucionales sustantivas (el caso reiterado de los artículos 27 y 4o. de la Carta Magna).

En ambos casos (reforma electoral profunda y cambios constitucionales), los signos que ha enviado el gobierno de Salinas no dan mucho lugar al optimismo. La reforma electoral en puerta parece encaminarse a callejones sin salida. Por otro lado, la insistencia de voceros e intelectuales del gobierno en rechazar o negar la existencia de un clamor ya generalizado por la reforma del 27 (por sólo mencionar lo más obvio y relevante) se parece más a una provocación que a una argumentación a contrapunto.

Un serio peligro de la nueva fase de diálogo entre el EZLN y el gobierno es que este último piense que la vía de salida se encuentre en la solución exclusiva de problemas locales, o específicamente indios (ley reglamentaria del artículo 4o. constitucional, por ejemplo), pero también que pretenda ofrecer gato por liebre en el reparto agrario, en la democratización de las áreas municipales, en la canalización de nuevos recursos y en la elaboración de proyectos de inversión sociales y productivos. Grave sería, por ejemplo, que la CNC y sus fuerzas aliadas se sentaran a la mesa para exigir y ganar parte importante de los dividendos (en el reparto de tierras, por ejemplo); grave sería también que se escamotearan las exigencias sociales que, viniendo desde muy abajo, piden real democratización de los ayuntamientos y no cambios cosméticos.

Otros factores deberán considerarse para cuidar la buena marcha de la segunda fase de diálogo entre el EZ y el gobierno. Las fuerzas que se sentarán frente a frente en la mesa de debate no son ya las mismas que se dieron cita en San Cristóbal. Por un lado, en sus más de cien días de combate los zapatistas ya han ganado la batalla de la opinión pública nacional, y han legitimado su presencia y fuerza moral para convocar y hace propuestas de cambio; por el otro, el comisionado Manuel Camacho deriva su capacidad directa de maniobra y de interlocución de un poder (el de Salinas) que disminuye ahora día con día, y que se debate en la peor crisis política de nuestra historia moderna.

La Jornada, 19-20 de abril de 1994

El *no* zapatista a "la propuesta de acuerdos" de San Cristóbal

El EZLN dio un *no* rotundo a la propuesta de paz del gobierno, presentada por Manuel Camacho en la mesa de diálogo de San Cristóbal de las Casas. La lógica del rechazo es tan simple como impecable: las promesas de acuerdo de paz presentadas por el Comisionado (que de por sí ya eran discutibles) en febrero, tenían ya para mayo y los primeros días de junio sólo el valor del papel en el que se escribieron.

En el tiempo transcurrido entre los días de las conversaciones en la catedral de San Cristóbal y la *consulta* zapatista, el gobierno no avanzó por el camino de la paz sino por la ruta de la guerra, construyendo, junto al cerco de las armas —que *reforzó* con la compra de nuevas y sofisticadas armas *disuasivas*—, otros y sofisticados anillos de la muerte. Al sitio del hambre se sumó el rechazo simple y llano a corregir, o a debatir, los rumbos nacionales en los temas de la democracia (alcances reales de la reforma electoral), agrarios (la reforma a la contrarreforma al artículo 27) e indígenas (la reforma al artículo 4o. y elaboración de su ley reglamentaria).

A la exigencia de corregir las malformaciones del sistema de poderes y de cargos caciquiles y autoritarios prevalecientes en el estado de Chiapas, el gobierno respondió con la canalización de cuantiosos recursos a los ganaderos y a la ARIC-Unión de Uniones, y con el lanzamiento de fórmulas electorales calcadas de seguro de la experiencia de algún país bananero (*v. gr.* el caso *insólito* y provocador de la fórmula para diputados representada por Lázaro Hernández, dirigente de la ARIC-Unión de Uniones, y Constantino Kanter, líder de los ganaderos). La ofensiva guerrera del gobierno fue pues decapitando uno a uno los puntos-promesa presentados por Manuel Camacho, en un proceso de múltiples simulaciones del que el propio Comisionado fue corresponsable y víctima.

El *no* rotundo del zapatismo a la propuesta de paz del gobierno no tiene pues ya casi nada que ver con el esquema de debate y de negociaciones presentado en febrero en la mesa de San Cristóbal. Por el *no* a la firma de los acuerdos votó 97.88 por ciento del total de los zapatistas consultados, mientras "por la resistencia y la convocatoria a un nuevo diálogo nacional y con todas las fuerzas honestas e independientes" se manifestó 96.74 por ciento (es decir, contra la reanudación de hostilidades).

Dicha decisión, en apariencia paradójica, está íntimamente ligada a una concepción que sorprende a propios y a extraños por su originalidad, audacia y profundidad de fines. Si a partir del 1 de enero el EZLN tuvo la función de *disparar* en gran medida la movilización social pacífica por el *efecto de las armas*, ahora tiene la función de respetar y apuntalar el desarrollo de ese mismo movimiento social, que ha puesto sus miras en "una transición pacífica" a la democracia mediante el voto efectivo en las elecciones federales próximas ("...la esperanza con gatillo tuvo su lugar en el inicio del año. Es ahora preciso que espere. Es ahora preciso que la esperanza que anda en las grandes movilizaciones vuelva al lugar protagónico que le corresponde por derecho y por razón. La bandera está ahora en manos de los que tienen nombre y rostro, de gentes buenas y honestas que caminan rutas que no son la nuestra, pero cuya meta es la misma que anhelan nuestros pasos" (Segunda Declaración de la Selva Lacandona).

La "prórroga unilateral del cese del fuego ofensivo" viene para "permitir a la sociedad civil que se organice en las formas que considere pertinentes para lograr el tránsito a la democracia en nuestro país", dirá la Segunda Declaración de la Selva Lacandona. En tales condiciones, el EZLN se convierte sólo en *ejército garante* del tránsito pacífico a la democracia, y no en una fuerza ofensiva que ve el triunfo posible sólo en la punta de las armas ("El sectario supone, erróneamente, que el solo accionar

97

de los fusiles podrá abrir el amanecer que nuestro pueblo espera desde que la noche se cerró, con las muertes de Villa y Zapata, sobre el suelo mexicano", se dice en la Segunda Declaración de la Selva Lacandona).

Pero no se trata de una simple espera: el EZLN llama a la realización de una Convención Nacional Democrática antes del 21 de agosto, que sea expresión viva de distintas fuerzas de la sociedad civil y que sea capaz de discutir y presentar al pueblo de México "propuestas de un gobierno de transición y una nueva ley nacional, una nueva Constitución que garantice el cumplimiento legal de la voluntad popular".

El EZLN va incluso más allá, y entra en terrenos que pocos imaginaron: acepta participar en el proceso electoral del 21 de agosto al abrir su territorio a urnas y candidatos, con lo que rechaza la línea del abstencionismo y se inscribe en el juego de fuerzas que, dentro y fuera de Chiapas, habrán de someterse al designio de los votos libres y limpios de los ciudadanos.

Con este nuevo esquema *ofensivo* el zapatismo vuelve a hacer de las suyas para modificar de tajo el escenario político del país. Su Segunda Declaración de la Selva Lacandona entra hondo, y rasga sin remedio vestimentas que hasta ayer se creyeron listas para el convite.

La Jornada, 13 de junio de 1994

La tierra, el poder y el desarrollo

*Escrito con Armando Bartra,
Jorge Fernández Souza y Sergio Zermeño*

1. Enderezar los añejos entuertos chiapanecos significa emprender la reparación de las abismales injusticias económicas y sociales, y en un estado predominantemente agrario la justicia pasa por la reasignación de la tierra. La cuestión no es sólo que algunas propiedades sean auténticos latifundios, sino que una buena parte de ellas ofenden a la desposesión extrema de los indios. En Chiapas el problema de la tenencia de la tierra no es tanto de ilegalidad como de injusticia, y los grandes y medianos propietarios, por más que estén dentro de la ley, no podrán vivir tranquilos con un cerco de comunidades indias oprimidas y expoliadas que luchan hoy irrenunciablemente por sus derechos.

Casi el 30 por ciento del rezago agrario nacional se sigue concentrando en Chiapas. Poco más de 100 personas poseen el 12 por ciento de las tierras. En el estado dominan finqueros y los grandes propietarios ganaderos, no más de 6 mil familias que detentan más de 3 millones de hectáreas —prácticamente la mitad de la superficie productiva de la entidad. Salvo escasas excepciones, la mayoría de estos finqueros han basado la obtención de sus ganancias en la sobrexplotación del trabajo rural y en métodos o formas extensivas y depredadoras de cultivo. Más allá del conflicto directo por la tierra, la problemática agraria del estado se complica aún más por otros factores: dotaciones empalmadas, ejecuciones existentes sólo en planos, resoluciones presidenciales sin ejecución.

La solución al problema de la tierra en Chiapas pasa, en consecuencia, por una recomposición de la estructura propietaria, en seis medidas que pueden ser negociadas o puestas en marcha en el corto, mediano y largo plazos.

La primera implica desahogar rápidamente todo el problema del rezago, en lo que resulte de "obvia resolución", si se cuenta con la voluntad política de hacerlo. La segunda línea de acciones corresponde a la simple y llana afectación de todos los "excedentes" propietarios —latifundios, para ser más precisos—, sin el recurso moroso y burocrático definido en el actual artículo 27 de la Constitución en el que se da a los propietarios, a partir de la notificación correspondiente, el plazo de un año para poner su propiedad "en pública almoneda". La tercera medida es la creación de un fondo de tierras a través de la compra a particulares por parte del gobierno, para reasignarla a campesinos y comunidades en términos no sólo reivindicativos sino del cumplimiento de una función social, o a través del uso de tierras ociosas y de terrenos nacionales; la cuarta línea de acciones tendría el claro sentido de llevar a cabo un ajuste histórico de cuentas en aquellos casos en los que, por más que se demuestre que se mantienen los "límites legales de la propiedad", sigan prevaleciendo formas acasilladas de explotación del trabajo y, con ello, se demuestre que los "empresarios agrícolas" se mueven fuera de la ley. La quinta medida presupone la redefinición de los límites de propiedad establecidos en el actual artículo 27 de la Constitución, particularmente en lo que se refiere a la propiedad ganadera —y de bosques, sin duda, por sólo mencionar lo más grosero de las reformas salinistas a la Carta Magna—, para acabar con el "latifundismo constitucional", definido por la posibilidad de que un propietario pueda tener el terreno suficiente para "alimentar a 500 cabezas de ganado" y de paso tenga el recurso de cambiar el uso de sus tierras —a la actividad agrícola— sin que ello ponga en peligro la dimensión de sus límites propietarios. La sexta implica ensayar un proceso de reordenamiento territorial que, sustentado en la voluntad propia de pueblos y comunidades (lo que supone otra reforma, de la que hablaremos adelante, referida a las "autonomías" y al régimen de ordenamiento político en lo municipal), permita establecer —o restablecer— una relación adecuada hombre(comunidad)-tierras para efectos de organización social y productiva, y para comprometer a los sujetos implicados en la perspectiva de un desarrollo sustentable.

La propuesta gubernamental en el diálogo de la Catedral de San Cristóbal dio un paso favorable cuando reconoció que "en Chiapas no se realizó a plenitud el proceso de reforma agraria", y cuando habló de la existencia de latifundios. Se avanzó sin duda cuando se propuso la constitución de un fondo de tierras para reparto, y cuando se definió la necesidad de "integrar y proteger el patrimonio familiar en las comunidades". Se vio una actitud negociadora y de propuesta cuando se habló de la urgencia de promulgar una "ley de justicia agraria del estado", así como una Ley General de los Derechos de las Comunidades Indígenas. Pero todo pareció un contrasentido cuando se rechazó la línea del cambio constitucional, particularmente en los artículos 27 y 4o., pues ello significaba, en los hechos, que no habría real reforma agraria y que se estaba pensando en asignar sólo —y por un mecanismo burocrático y excluyente— algunos "excedentes".

Si, como se propuso en el punto octavo de los compromisos del comisionado Camacho cuando se dio el diálogo de San Cristóbal, se promulgara una ley (la de Derechos de las Comunidades Indígenas) que contemplara un procedimiento para el fraccionamiento de los latifundios, las limitaciones constitucionales no serían menores pues, como decíamos, el segundo párrafo de la fracción XVII contempla el derecho de los propietarios —cuyas extensiones excedan de los límites legales— a fraccionar y enajenar esos excedentes dentro del plazo de un año a partir de la notificación correspondiente. El mismo razonamiento es aplicable para los casos de expropiación de la propiedad privada, si se consideran los excedentes, pues los propietarios contarían con el mismo plazo para enajenar que en el supuesto anterior. El contrasentido mayor estuvo dado, en todo caso, en el hecho simple de que no era posible legislar en lo local para generar una "ley agrarista" en Chiapas, en el marco de un artículo 27 constitucional antiagrarista, y que es el que norma en última (¿o en primera?) instancia las leyes de los estados.

2. Las comunidades zapatistas no rechazaron las ofertas puntuales del gobierno por su mezquindad o insuficiencia, pues en todo caso eran negociables. El verdadero problema es el poder. Y mientras manden los de siempre y como siempre, cualquier oferta es engaño y toda promesa presagio de incumplimiento.

El EZLN no se alzó para hacerse del gobierno nacional por la violencia y ejercerlo de modo exclusivista, pero los zapatistas tampoco pueden deponer las armas si no conquistan espacios políticos, si no liberan para la democracia áreas significativas del sistema de decisiones y representaciones.

En Chiapas —como en el país— no se puede hacer justicia social instantánea. Entonces, hasta para negociar las reivindicaciones más modestas y concretas es necesario un desplazamiento del poder. Las comunidades alzadas en armas, o simplemente alebrestadas, pueden esperar aún más por la equidad socioeconómica, siempre y cuando hayan conquistado la fuerza democrática necesaria para conducir una profunda reforma social y administrar un lento y prolongado proceso de desarrollo hacia la justicia.

Se puede negociar el alcance y la forma del reparto agrario; concertar el monto, tiempo y destino del gasto social; poner a debate las líneas maestras de un desarrollo regional equitativo. Pero lo que está fuera de discusión es que en Chiapas no pueden seguir gobernando los que han mandado durante los últimos 500 años, mucho menos si este mandato es ahora asimilado a un nuevo esquema de dominio, a un nuevo "pacto" entre una fracción de los "modernizadores" nacionales y los finqueros criollos, los caciques indios de Los Altos, los cafetaleros alemanes del Soconusco y los beneficiarios de la ganaderización salvaje y del saqueo silvícola; familia oligárquica a la que en los años recientes se han venido sumando los nuevos financieros y empresarios ligados al narcotráfico.

Naturalmente, esto supone una reforma política que redefina las relaciones entre las formas de autodeterminación comunitaria y las estructuras municipales y estatales de gobierno; demanda adecuar a su contenido étnico la subdivisión de la entidad en municipios y distritos; significa, en fin, modificar leyes, reglamentos y hábitos acendrados. Pero ante todo, y sobre todo, supone retirar el mando a la oligarquía y al cacicazgo chiapanecos, quitarles el poder que hasta ahora han ejercido de manera excluyente y absoluta.

La reforma política posible ha sido delineada con claridad por los zapatistas y por el Consejo Estatal de Organizaciones Indígenas y Campesinas. Se trata, en una de sus vías, de crear un régimen especial de autonomía para las comunidades indígenas —y no sólo para las de Chiapas— que permita establecer "una nueva relación entre el Estado, los pueblos indios y las organizaciones sociales". Se trataría de ensayar un reordenamiento territorial de extensas zonas de la entidad en las que puedan levantarse gobiernos de amplia participación india, sin que ello signifique delinear o construir fronteras radicales de carácter étnico y de raza que escindan a la sociedad en compartimentos estancos de poder o en "reservaciones" que, a la postre, jugarían más al aislamiento y a la marginación que al desarrollo de una estrategia de reales autonomías, y que serían terreno fértil para el surgimiento de nuevos cacicazgos del corte de los que están destruyendo a los chamulas, o de un corporativismo indígena de nuevo tipo.

Se requeriría, en consecuencia, ligar muy directamente dicho proceso de reordenamiento político y territorial a otro de reforma municipal de fondo, en donde sea posible —de allí la necesidad de reformar el 115 constitucional, además del 4o.— incorporar a la legislación aspectos propios y característicos de las formas indias de autogobierno (casos notables se encuentran en el área de la impartición de justicia) y de gestión o de autogestión productiva. Ello incluiría, necesariamente, la posibilidad de que los pueblos indios elijan representaciones propias ante el Congreso de la Unión y del estado.

3. No hay de otra: en Chiapas la justicia social pasa por una reasignación de la propiedad agraria. Pero aun el mayor reparto territorial no remontaría significativamente la pobreza, pues los chiapanecos son muchos con respecto a una naturaleza exuberante pero arisca: escasean los suelos generosos, y la selva, que es de manejo delicado, no soporta mucha carga poblacional.

Se requiere también una política de servicios pronta y comprehensiva, que proporcione mínimos de bienestar a los parajes indígenas y restituya en algo las riquezas que el subsuelo y los ríos chiapanecos aportan a la federación. Los servicios son parte sustantiva de las demandas del EZLN, lo que pone de manifiesto el fracaso del programa social consentido del sexenio y demanda respuestas concertadas y de cobertura general y no acciones puntuales, pasajeras y discrecionales, como las del Pronasol.

Hoy resulta obvio que la única vía que tienen las colectividades marginadas para revertir su situación de precariedad, exclusión y fragmentación crecientes es la de reconstruir las redes asociativas, las identidades colectivas que permiten comprender de manera global y compartida su entorno y su orientación futura. Los proyectos pasajeros del Pronasol han servido para atomizar y fragmentar esas identidades compartidas; mientras que el zapatismo, particularmente en las zonas bajo su control, nos ha mostrado una reconstrucción y un reordenamiento de la comunidad y de su cultura, en este caso fuertemente anclada en lo étnico, que le da sentido a la vida de las personas, en tanto colectivo, para afrontar su situación desdichada.

Se requiere, en fin, un programa general de desarrollo comprometido con las necesidades de la población y con la preservación de la naturaleza. Un programa que asuma las indudables ventajas comparativas de la región de cara al mercado mundial, pero cuyo punto de partida sean los chiapanecos y su hábitat. Un programa que encauce la economía regional por una vía ajena al saqueo de los indios y de la naturaleza. Y un programa así sería una auténtica revolución, pues en Chiapas, como en todo el sureste, crecimiento económico ha sido hasta ahora sinónimo de etnocidio y ecocidio.

Con un cuadro nacional de crecimiento negativo del producto per cápita y profusos descalabros agrícolas, encaminar la economía chiapaneca por rumbos inéditos de justicia social y salud ambiental es tarea ciclópea. Sobre todo porque no se trata de calmar ánimos exaltados con manitas de gato. En 1972 el llamado Plan Guerrero pretendió apagar la insurrección y limar los enconos de la guerra sucia antiguerrillera inundando esa entidad con recursos fiscales; veinte años después Guerrero no ha dejado de ser un estado miserable y de inequidades ofensivas, una entidad federativa que sigue muy de cerca a Chiapas en explosividad social. El inminente Plan Chiapas no puede, entonces, ser epidérmico; es necesario cambiar de vía, enfilar el desarrollo de la entidad por otro camino, y los resultados del viraje sólo se verán en el mediano y largo plazos.

No se trata sólo de incrementar el monto de los recursos: el ejemplo son los propios recursos del Pronasol que, como en terreno arenoso, se perdieron en Chiapas casi en el momento mismo en que fueron canalizados. Más que en otras entidades, en Chiapas el manejo del recurso Pronasol no alteró (ni pretendió hacerlo) por vías redistributivas las "relaciones económicas de fuerza". La "descentralización" de atribuciones y manejo de programas significó simple y llenamente que se diera una mayor capacidad económica y de manipulación política a las redes del cacicazgo local y los finqueros. Desviados de sus objetivos originales, parte de los recursos del Pronasol se utilizaron para la construcción de obras suntuarias. Otros recursos —cuando llegaron— se perdieron en el extenso mar de la pobreza chiapaneca, multiplicados en pequeñas obras de impacto limitado.

La estrategia de inversiones "por goteo", asistencialista y clientelar del Pronasol y de otras políticas gubernamentales, debería ser modificada por otra de fomento y de grandes inversiones hacia el campo, con programas especiales para el "rescate de la tecnología y el conocimiento tradicional de nuestros pueblos". La mitad de la superficie agropecuaria y forestal chiapaneca está formada por ejidos y comunidades: el desarrollo rural debe operar en consecuencia con ello y no en contrapunto: no privatizando el espacio ni "liberando" a sus tierras yermas de "brazos excendentarios", sino articulando una nueva idea de desarrollo. La nueva reforma del artículo 27 y 4o. constitucionales deben incorporar explícitamente tal tipo de definiciones.

Como ya ha señalado el CEOIC, el camino de las grandes transformaciones en Chiapas pasa por una modificación a fondo del pacto federal, pues la entidad "no puede seguir siendo para la nación el pozo petrolero, el generador de energía eléctrica o la gran reserva ecológica". En el nuevo pacto tendría que definirse una modificación de los patrones gubernamentales de inversión. En lo inmediato tendrían que romperse algunos de los candados del esquema de dominación tradicional. Sería necesario, primero, redefinir todo el sistema de manejo y de canalización de los recursos, dando a las organizaciones sociales, y a las nuevas estructuras de organización territorial y municipal, capacidades legales para participar de manera directa en la planificación, ejecución y evaluación de los planes y proyectos de desarrollo. Habría que redactar nuevas leyes en lo forestal y en lo referente al medio agropecuario, en las que no se responsabilice a indígenas y campesinos de los desequilibrios ecológicos, y se encuadre la posibilidad de desarrollar una "explotación razonada e integral de los recursos considerados".

Dada su situación de extrema gravedad, "el problema de Chiapas" debe ser abordado con recursos de excepción. Pero la excepcionalidad chiapaneca no puede llevar al planteamiento de que otras entidades federativas deban tratarse con recursos y definiciones de política "normales", pues los regímenes recientes han logrado que el conjunto del país se proyecte peligrosamente al precipicio.

La Jornada, 13 y 14 de noviembre de 1994

El inicio del diálogo de San Andrés: la paradoja Larráinzar

Llegó la marea indígena a San Andrés Larráinzar. Más de 5 mil indios tzotziles (algunos calcularon alrededor de 10 mil) entraron a la comunidad para ocupar su sitio en la cita prefijada. Todos sabían que llegarían. Corrijo: todos menos las autoridades federales, quienes vieron en la ola humana que cayó sobre el espacio del diálogo un nuevo ardid propagandístico del EZLN, según comunicado de la Secretaría de Gobernación (SG) dado a conocer un día antes del encuentro.

Hasta el momento de escribir estas líneas, la presencia de los indígenas en la comunidad de Larráinzar seguía siendo "el motivo" esgrimido por los representantes gubernamentales para negarse a asistir a la mesa del diálogo. Pero no sólo eso: la cabeza de la delegación oficial, Marco Bernal, había encontrado y denunciado a los "culpables del acarreo", distinguidamente el propio EZLN y los miembros del equipo más cercano de don Samuel Ruiz, Raymundo Sánchez Barraza, Miguel Álvarez y Gonzalo Ituarte.

El comunicado de Gobernación del día 19 de abril no tiene desperdicio. Consideró la SG que la concentración indígena "no contribuye a la atmósfera de distensión que las partes se comprometieron propiciar", y que el hecho contraviene el espíritu de la Ley para el Diálogo, la Conciliación y la Paz Digna en Chiapas. Siendo contraria a la vez a los principios acordados en San Miguel, resulta ser, en la opinión de la dependencia, un acto de propaganda política inaceptable, claramente orquestado por los zapatistas dada su "evidente planeación y apoyo logístico". En la versión oficial, por lo demás, se sugiere que la Conai

107

habría tenido vela en el entierro, pues a ésta se le exhorta, a partir del hecho, a que "haga más activa su función mediadora de favorecer condiciones adecuada para el diálogo".

La idea expresada en el comunicado de Gobernación es sintomática en por lo menos dos sentidos. Expresa, por un lado, la persistente incapacidad de los estrategas gubernamentales para entender el fenómeno que tiene frente a sus narices, pues atribuyen posibilidades mágicas de maniobra y de organización a una fuerza política y militar que desde el 9 de febrero se esconde en las profundidades de la selva. Sobrestiman con ello involuntariamente al zapatismo expresado en la organización político-militar denominada EZLN, al tiempo que subestiman enormemente al zapatismo social, extendido desde hace tiempo sobre amplias áreas de la geografía chiapaneca.

Detrás de dichas estimaciones sobre el zapatismo se cuela, por desgracia, un tufo racista que cree y defiende sin pudor la idea de que los indígenas son incapaces de pensar y de movilizarse por sí mismos, pues la gran marcha de los tzotziles a Larráinzar sólo se explicaría por "la evidente planeación y apoyo logístico" del hecho.

El comunicado oficial es sintomático en un segundo sentido. Muestra hasta dónde el gobierno quiso, o quiere, llevar a cabo un diálogo a la sorda, aséptico y "local", en el que mande el signo criollo. Cree, en todo caso, que no en vano acorraló físicamente al EZLN, colocó una enorme guillotina sobre la cabeza del *subcomandante Marcos*, sembró el terror en las comunidades de la selva, y se negó a llevar a cabo las negociaciones en la capital de la República.

La "paradoja Larráinzar" será, en adelante, una nueva y contundente muestra de la estrechez de miras de los estrategas gubernamentales, quienes con la selección del lugar creyeron poder *chiapanizar* formas y contenidos de las negociaciones con el EZLN, y desmontar los numerosos puentes que el zapatismo ha construido con la sociedad mexicana y con el mundo.

Hoy el diálogo peligra. La delegación gubernamental debe reflexionar y echar atrás su esquema anunciado de maniobra. Los indios chiapanecos no los agrederán: serán para ellos, como para los representantes del EZLN, un escudo de protección más fiel y poderoso que el que los miembros del grupo oficial pudieran encontrar en las filas de sus propios "partidarios". Si no, que le pregunten a Colosio.

La Jornada, 23 de abril de 1995

Asalto militar en la selva y
diálogo de los contrarios

Por lo menos dos fueron las líneas de apuesta y los escenarios previstos por el gobierno cuando el 9 de febrero inició su acción de guerra en el espacio de la selva.

La primera (A), que ha sido calificada por algunos analistas como la "Operación Chinameca", implicaba la captura y en su caso muerte de los dirigentes principales del EZLN con lo que, se suponía, el resto del trabajo consistiría exclusivamente en abrir un proceso de sometimiento y control de la población rebelde por medio de cañonazos pronasoleros y de una "asistencia" puntual y programada por parte de los voluntariosos miembros del Ejército.

La segunda (B), en la que se calculó que se daría la captura de los dirigentes en el primer y sorpresivo golpe militar del 9 de febrero, tenía a su vez dos posibles variantes: la B-1, en la que se daría un avance sostenido sobre las posiciones zapatistas de la selva y se lograría el objetivo de tomar presos o liquidar a las cabezas del EZLN (no sin enfrentamientos diversos entre las tropas, con su inevitable cuota de sangre), para avanzar después en la misma línea de "barrer" la zona con escobas pronasoleras y acciones militares de disuasión (lo que vuelve a ésta una variante intermedia entre la opción A y la opción B); y la B-2, que finalmente se impuso, sin captura o muerte de la dirigencia, pero con la que se establece un cerco militar y político en el espacio de la selva en el modelo simple de una guerra de baja intensidad que opera con armas económicas y militares, y que lleva a la corta o a la larga al establecimiento de una "mesa negociadora" en la que, siempre dentro del "modelo" o de las pretensiones oficiales, se pide amable y paternalmente a los contrarios que se rindan.

Esta lógica de operación explica la composición político-castrense (formal y de mentalidad) de los representantes gubernamentales en la mesa de San Andrés Larráinzar, diametralmente distinta a la que distinguió a la representación política del gobierno en las conversaciones de la Catedral de San Cristóbal en 1994. Y es esta lógica de operación la que da cuenta a la vez de la inconmensurabilidad de las distancias que se tienden entre ambas representaciones: en lo que aparece como un diálogo de sordos, un miembro de la comisión oficial cree a pie juntillas que está ganando la guerra él solito con sus universitarias "tácticas psicologistas"; otro se da el derecho de tratar a los indígenas como si por su boca y corazón hablara el espíritu guerrero de un Aguilar Camín cualquiera; otro más va y dice a pulmón pleno que no hay avances cuando sí los hay, que no hay arreglos cuando sí se prefiguran, y que no hay caminos cuando empiezan a indicarse.

Es el embajador Iruegas, sin duda, el mejor dotado para esta suerte de diálogos. Pero su pasado lo condena: al final dice la neta, aunque ésta sea cruda y provocadora. Él dio las claves de la línea gubernamental en el esquema de operación que se mantiene en esta cuarta fase del diálogo: se avanzará "en la solución de los problemas" indígenas con o sin la representación zapatista y el EZ, lo que quiere decir simple y llanamente que se pretende seguir en la vía de la guerra de baja intensidad que se impuso ante el fracaso de las opciones A y B-1 después de la ofensiva militar de principios de febrero.

Frente a estas vías reales y virtuales de acción y operación del gobierno, el EZLN ha avanzado, entre otras, en dos líneas fundamentales. La primera ha sido la de "romper el cerco" político impuesto desde la plaza de San Andrés Larráinzar con la consulta nacional que se encuentra en marcha; la segunda se expresa en las dos recientes propuestas de la delegación zapatista: 1. la que cambia la ruta experimental de distensión de Las Margaritas-San Quintín a Ocosingo-San Quintín, con lo que se quita peso a la "disputa" territorial que el Ejército impuso sobre

111

la zona "estratégica" de Guadalupe; 2. la que establece un formato de procedimiento para el diálogo, así como formas de discusión y de resolución en "mesas de trabajo y plenarias" en un esquema novedoso e imaginativo que contiene, en sí mismo, reglas de "procesamiento democrático de la diferencia" que, de asumirse, ayudarían a abrir el curso al cambio de nuestro actual régimen de partido de Estado.

La Jornada, 10 de julio de 1995

Larráinzar V: ¿Diálogo "intenso y profundo"?

La quinta fase del diálogo de San Andrés Larráinzar se inicia hoy en medio de signos contradictorios. En el lado malo podemos contar las movilizaciones y reacomodos más recientes de efectivos del Ejército federal en la selva Lacandona y en Los Altos, así como las masacres y asesinatos en el estado de Guerrero; también el anuncio a gritos de la aparición del libro de Carlos Tello, *La rebelión de las cañadas*, con la publicación de algunas de sus partes en una revista de circulación nacional la semana pasada. Tales fenómenos, por muy distantes y distintos que parezcan, tienen como signo y denominador común la guerra de baja intensidad en curso, y están dirigidos a mantener y cerrar el cerco físico, ideológico y político que sobre el EZLN y otras fuerzas democráticas ha pretendido establecer el gobierno de Zedillo desde el 9 de febrero.

Los signos positivos son, sin duda, la excarcelación de Gloria Benavides y de algunos militantes perredistas, pero también algunas de las más recientes declaraciones de miembros de la delegación gubernamental en las pláticas de San Andrés Larráinzar: según lo dicho por Jorge del Valle a Elio Henríquez para *La Jornada* (sábado 22 de julio), la consulta realizada por el núcleo oficial a sus mandos superiores ha llevado a aceptar la propuesta zapatista de emprender negociaciones "consecutivas" y no "simultáneas"; también aceptarán la idea del EZLN (expresada desde 1994 por dicho organismo político de diferentes medios y formas) de llevar a cabo una discusión "profunda e intensa". Falta ver si, para cerrar con broche de oro, la parte gubernamental se atiene a la propuesta —también de la dele-

113

gación zapatista— de tomar la ruta Ocosingo-San Quintín como vía experimental de distensión, y abandona en definitiva sus pretensiones de establecer una cuadrícula de militarización zonal con espacios controlados de "reservación" para los indígenas rebeldes.

Pero lo raro del asunto estriba ahora en que el propio declarante gubernamental, Jorge del Valle, sea pesimista con relación a la posibilidad de que en la nueva ronda de San Andrés Larráinzar se llegue a "acuerdos sustantivos". ¿Las razones? Que "la lógica del EZLN durante el próximo encuentro será esperar los resultados de la consulta nacional por la paz y la democracia", según la propia nota de *La Jornada* del 22 de julio.

Como el ladrón que grita desaforado: ¡al ladrón!, ¡al ladrón!, para cubrir su huída, el representante de la delegación gubernamental culpa por adelantado a los representantes del EZLN de un previsible rezago en el ritmo y tiempos de la negociación chiapaneca, cuando ha sido evidente desde la última ronda de pláticas que la iniciativa en el terreno de las propuestas está del lado zapatista. No hay razones para suponer, por lo demás, que la idea de retrasar el arribo de acuerdos "sustantivos" provenga de los zapatistas, pues nadie más que ellos están interesados en ver perfilada una vía de aceptación y de resolución de sus demandas.

Seamos, pues, un poco pesimistas, y demos más importancia aún a los signos negativos que a los positivos. Mantengamos la hipótesis de que es hoy al gobierno al que no conviene hacer avanzar con rapidez el diálogo de San Andrés, dado que las cartas fundamentales del juego oficial siguen siendo las de la guerra de baja intensidad, y las del "achicamiento" de la figura y presencia social y política del zapatismo en los planos locales y nacionales. La apuesta gubernamental seguiría centrada, en tales condiciones, en volver inocuo el sentido de las conversaciones en Los Altos, así se diga con bombo y platillo que lo que se quiere es negociar con "profundidad e intensidad".

La Jornada, 24 de julio de 1995

114

La consulta y el diálogo de San Andrés

En un ciclo de cinco encuentros, la representación gubernamental en el diálogo de San Andrés Larráinzar mostró poca imaginación y reducida o nula inteligencia para entender la naturaleza, fuerza y capacidad de sus interlocutores en la mesa de las negociaciones. De cara a la sexta reunión, a llevarse a cabo durante la primera semana de septiembre, el tablero muestra ya una clara ventaja ajedrecística por parte de los zapatistas, pues éstos se presentarán a las sesiones con el producto de una consulta nacional que —ya es previsible—, dará resultados ampliamente positivos para su causa: entre otros, mostrará la inutilidad del cerco ideológico, político y castrense con el que se quiso ahogar la voz de los indígenas de Chiapas; dará la dimensión justa regional-estatal-nacional de la representación social y política de los enviados de la selva a las conversaciones de San Andrés; dibujará con nitidez los puentes de relación y vasos comunicantes de los indios rebeldes del estado de Chiapas con otros grandes segmentos de la sociedad mexicana, entre los que destacarán —también es previsible— amplios sectores urbanos de las clases medidas.

Trabajando sobre las "líneas exteriores", los zapatistas siguen el curso de lo que puede ser considerado en el sentido estricto como un proceso de subversión de las formas tradicionales del quehacer político.

El "método del espejo", la idea de "volver a lo obvio y a lo esencial" (algunas de las preguntas de la consulta), la paradoja subversiva ("Todo para todos, para nosotros nada"), la palabra directa, y hasta la broma o la ironía, juegan en el discurso zapatista un papel esencial. Fusión de inteligencias y capacidades: el *subcomandante Marcos* no "exporta" la fuerza de sus ideas y pluma al discurso indígena: ayuda a su re-construcción y lo "traduce" para los mestizos y la sociedad no india: "traduce", por su parte, el discurso no indio a los indígenas. No se trata, por lo demás, de un recurso de articulaciones discursivas mera o fundamentalmente pragmático y "funcional", sino de una articulación culta, de significados y contenidos profundos.

Es en este marco de diálogos múltiples y diversos promovidos por el zapatismo que el de San Andrés se empequeñece en lo que toca a la participación gubernamental: convocados para seguir con las palabras la lógica castrense que abrió su curso negro a principios de febrero, la delegación gubernamental ha cumplido hasta el momento un tristísimo papel.

Pero ahora sería el momento preciso para cambiar las reglas del juego y los términos de las negociaciones. Tres o cuatro líneas serían altamente positivas y mostrarían nuevos y promisorios derroteros: una definición simple de distensión, que con el retiro del Ejército de la zona de conflicto permitiera el restablecimiento de la vida civil y productiva de las comunidades de la selva; la apertura del diálogo sobre los aspectos sustantivos, con mesas de discusión y de negociación que, tema por tema y no en forma simultánea, permitiera desahogar la agenda propuesta por los indígenas chiapanecos, en las dos coordenadas necesarias: la que se refiere a los temas locales y estatales, y la que implica la discusión sobre lo nacional.

La Jornada, 21 de agosto de 1995

Larráinzar VI: Nuevo ciclo de diálogo en Sacamch'en

El canto de Gustavo Iruegas ("Por el bien de todos", en tres partes, *La Jornada*, viernes 29 de septiembre a domingo 1 de octubre) es el canto del cisne: escribe para nosotros, para todo el mundo y sin recato, más sus confesiones y confusiones que su propuesta; más su deseo de explicar lo inexplicable y de justificar nerviosamente y con tenues esfuerzos analíticos lo que no es justificable. Y es el canto del cisne porque "Larráinzar VI" cerró en definitiva el ciclo de negociaciones que él y otros dos o tres representantes gubernamentales encabezaron: un ciclo en el que predominó de parte suya la visión castrense de las cosas, la necedad burocrática y el "psicologismo" racista contra el indio.

El artículo citado de Iruegas es generoso en mostrar hasta dónde la representación gubernamental tuvo hasta "Larráinzar VI" tales cualidades. La exigencia inicial del EZLN para lograr un proceso llano y simple de distensión es vista por el personaje referido como "una pretensión maximalista"; la propuesta de "distensión por aproximación" que él mismo hizo a su contraparte negociadora es, por el contrario, considerada como una "oferta" que fue "desperdiciada" por el EZLN: en la versión de la representación gubernamental, los zapatistas debieron haberse convertido en "cuidadores del orden público local" para, "a partir de allí", negociar la "inevitable cuestión de las armas".

No se le ocurre ni de broma a don Gustavo que en el ciclo de diálogo iniciado en San Miguel la representación gubernamental no se enfrentaría a una simple "negociación militar"; tampoco le pasa por la mente que la demanda de distensión

117

adelantada en esa primera fase por los zapatistas era, sobre todo, la exigencia —muy actual, por cierto— de parar la "guerra de baja intensidad" en curso, dirigida contra la población india de la selva (y de otras regiones de Chiapas) más que contra los efectivos del Ejército Zapatista. No entiende el representante oficial que su propia iniciativa o propuesta de convertir al EZLN en "cuidador del orden público local" era grosera y burda, además de inviable y anticonstitucional.

En su lógica particular, el dialogante oficial no ve ni oye a su contraparte en la mesa de las negociaciones. Se le ocurre, por ejemplo, que "el EZLN dejó de lado el reclamo indígena" (¡¡??) "porque sabe que su satisfacción está garantizada por virtud de la ley, por compromiso gubernamental y por respaldo popular". Pero, ¿no habíamos quedado que "las causas" del levantamiento indígena en Chiapas eran justas (Zedillo *dixit*, y en coro también otros tantos funcionarios gubernamentales), y que tal idea provenía precisamente de considerar que la satisfacción de la demanda india local y nacional no estaba garantizada por la ley, y mucho menos por el compromiso gubernamental? En todo caso habría que preguntarse: ¿qué hace en una mesa de negociaciones como la de San Andrés una representación gubernamental que piensa que en realidad no hay nada que negociar pues todo lo que se exija o demande de la contraparte está garantizado "por virtud de la ley y el compromiso del gobierno"?

"Larráinzar VI" abrió las puertas a una nueva fase de diálogo en la que poco o nada tendrán que hacer Iruegas y compañía, así sigan presentes en las negociaciones de Sacamch'en de los Pobres. La magia que dio dicha posibilidad estuvo de nueva cuenta del otro lado de la mesa: la que generó ese "otro" gran diálogo nacional que fue la consulta zapatista, en la que miles de activistas de la denominada sociedad civil ayudaron a dibujar los perfiles de una portentosa voluntad que viene desde abajo: la de 1 300 000 hombres y mujeres de México y el mundo que "rompieron el cerco" y expresaron su palabra, en el plebiscito independiente más relevante de que se tenga memoria.

A Gustavo Iruegas la consulta zapatista le pareció "cuantitativamente insuficiente y cualitativamente confusa"; también opinó que había sido autoritaria y tramposa ("No fue necesario criticarla por la deliberada distorsión de sus preguntas; ni por la forma autoritaria en que se negoció y ni siquiera por la interpretación de sus resultados"). Duele, ciertamente duele. La consulta no sólo rompió el cerco político que venía del Ejecutivo y pasaba por el Ejército federal y por la representación gubernamental en el diálogo de Larráinzar; también rompió los "cercos interiores" al desdoblar claramente la voluntad de la Cocopa, organismo que en "Larráinzar VI" autonomizó definidamente su propio juicio y se enfrentó sin cortapisas a la voluntad de los negociadores de oficio.

El cambio de ciclo en el diálogo de San Andrés deberá modificar fondo y forma. Se requiere que del lado gubernamental exista una voluntad realmente dialogante, capaz de escuchar y de entender a los representantes zapatistas. Se necesita que del lado oficial haya cultura y conocimiento de causa pero, sobre todo, ideales e interés de cambio. Si realmente ya pasó "el tiempo de las armas", por el bien de todos, busquemos todos la salida.

La Jornada, 2 de octubre de 1995

LA MESA DE DERECHOS Y CULTURA INDÍGENA Y LOS ACUERDOS DE SAN ANDRÉS (1995-1996)

La segunda fase de la Mesa de Derechos y Cultura Indígena (I)

Hoy se inicia la segunda fase de la Mesa de Derechos y Cultura Indígena en Sacamch'en de los Pobres. Lo que allí suceda será, sin exageraciones, determinante en el proceso que llevará o no a la consecución de una paz digna en el país. Por ello sorprende el silencio que, por razones —obviamente— distintas, han guardado sobre el asunto analistas y dirigentes de diversa filiación política. ¿Hay ignorancia sobre el tema o simple desenfado? Lo cierto es que todas las fuerzas políticas progresistas del país deberían conectar sus antenas con el proceso de diálogo de Chiapas; pero no sólo eso: deberían articular sus propios esfuerzos de "diálogo nacional" con el de San Andrés, en el entendido de que éste no es, como pretendieron ubicarlo algunos núcleos del gobierno, tema o curso de negociación que se constriña al espacio chiapaneco.

¿Resistirán las cuerdas del puente que ahora se construye en Sacamch'en? A la vista está que existen uno o varios poderosos núcleos políticos en el país que apuestan a que éstas se rompan ya, aquí y ahora. La razón de fondo es paradójica: la crisis ha sido partera de fuerzas e inteligencias sociales enormes, inimaginables en años anteriores. Y el problema no está más, en todo caso, en si tales inteligencias y fuerzas son capaces de organizarse para enfrentar "al sistema"; el problema es ya la existencia misma de dichas capacidades sociales, que día a día echan a perder el aquelarre neoliberal. Emerge entonces la tentación autoritaria, que puede aparecer con disfraz de fraude en las elecciones michoacanas, o con disfraz de fiesta en el diálogo de

Chiapas sobre el asunto indígena. Cabe prevenir sobre esta última posibilidad.

Digamos, para empezar, que la primera fase del diálogo en Sakamch'en de los Pobres y en San Cristóbal de las Casas fue significativamente exitosa. Primero, porque logró abrir un nuevo ciclo de negociaciones entre el EZLN y el gobierno, en el que se transitó a la discusión de los llamados temas sustantivos; segundo, porque en ella se protagonizó un debate único en la historia moderna de México, que abarcó todos y cada uno de los aspectos relativos a la cuestión indígena nacional.

Con dificultades menores de las que se esperaban, la mayoría de los grupos de trabajo encontró el camino correcto para el debate vivo y sano: la necesaria e íntima relación entre "lo local y lo nacional"; el abandono del marco culturalista; la superación rápida del forcejeo peticionista.

La riqueza de las intervenciones permitió una buena cantidad de definiciones que se signaron por consenso. Entre otras, la necesidad de definir una proporción cuantitativa de representantes indígenas a los gobiernos locales, estatales y en las Cámaras (local y federal), que corresponda por lo menos al número de habitantes indígenas que viven en un territorio determinado y en el país; el reconocimiento de usos y costumbres de los pueblos indios, con figuras como el sistema de cargos o la asamblea, así como los tiempos tradicionales de representación política en los cargos municipales; la remunicipalización y redistritación, como vía para establecer correspondencias entre territorios indios y cuotas o niveles de representación en distintos cargos de elección; la existencia del municipio indígena; la posibilidad de articular formas de gobierno regional en las que los indígenas ejerzan su autonomía.

También se planteó la necesidad de establecer cuotas definidas de representación política de las mujeres indias en todos los niveles de gobierno; la urgencia de legislar para fincar las figuras del referéndum, el plebiscito y la consulta popular; la reforma del sistema de partidos para que las asociaciones, comunidades y pueblos indios tengan plena libertad para presentar candidatos propios en los procesos electorales, etcétera.

Estas y otras propuestas fueron coronadas por la convicción de que se requeriría reformar, "por lo menos", los artículos 4o. y 115 de la Constitución.

El camino trazado en la primera fase de la Mesa sobre Derechos y Cultura Indígena es, pues, ruta recta, sin rodeos. El problema es que no todos parecen verlo así. Surge, en dicho marco, la preocupación siguiente: ¿permitirá el gobierno que en el espacio de la crisis económica y política vigente avance el gran torrente de capacidades sociales y de propuestas expresadas en la primera fase del diálogo de Chiapas? O, ¿aparecerá la tentación autoritaria y la maniobra para escatimar esfuerzos y resultados, y echar de nueva cuenta todo por la borda?

Pronto lo sabremos. La vía del cambio positivo será mantener la discusión en el nivel marcado en la primera fase; la variante regresiva estará en pretender gremializar y *chiapanizar* el intercambio. La representación gubernamental sabe que este último camino lleva a una confrontación estéril, y posiblemente al aborto de todo el proceso de diálogo; también lo saben los miembros de la Cocopa. Abramos, pues, el juego limpio.

La Jornada, 13 de noviembre de 1995

La segunda fase de la Mesa de Derechos y Cultura Indígena (II)

1. Una ruda batalla se libró en la segunda fase del diálogo por una paz digna en Sacamch'en de los Pobres. ¿Hubo avances? Valorar sus resultados no puede tener la simpleza de "los mayores o menores acercamientos" en la definición de consensos o puntos de convergencia en algunas de las seis comisiones (grupos) de trabajo, porque ciertamente los hubo en el grupo 1 y en el 3 ("Comunidad y autonomía", el primero; "Participación y representación política de los pueblos indígenas", el segundo), pero también allí aparecieron significativos márgenes de diferencias o disensos. En otros grupos de trabajo simple y llanamente se volvió al punto cero del diálogo: en el 4, de "Mujeres", y 6, de "Cultura", el rico debate que venía de la primera fase terminó por escindirse en dos posiciones diametralmente distintas, redactadas y presentadas por separado en sendos documentos. La comisión 2 ("Justicia") avanzó en un documento signado por las partes, pero con el agravante de que allí la delegación gubernamental se empecinó en conceptualizar pueblo indio como "poblado" (aunque usted no lo crea).

Todo mueve a pensar que el contrasentido de la posición gubernamental expresado en el grupo 2 no fue una casualidad, sino producto de la torpeza y falta de profesionalismo de algunos de sus representantes, de la "chiapanización" de la delegación oficial —que implicó el desplazamiento y ausencia de los representantes del INI—, y ello dentro del marco de una estrategia que daña el tejido global de los consensos aparentemente definidos. Veamos otros ejemplos.

Mientras que en el grupo 2 los representantes del gobierno rechazaron hasta el final la idea de pueblo (al identificarla con "poblado"), en las comisiones 1 y 3 se aceptaron las siguientes formulaciones comunes: en la primera, la propuesta de "establecer y asegurar autonomía a los pueblos indígenas en la legislación federal y en el marco del Estado nacional y de su estructura federalista, con el objeto de garantizar el ejercicio de sus formas de organización sociocultural y política, el acceso al uso y disfrute de los recursos naturales...", etcétera. En la segunda, la idea de que "el conjunto de las propuestas están regidas por una idea central: se requiere un nuevo pacto social entre el Estado y los pueblos indios. El corazón de este nuevo pacto es la libre determinación y la autonomía de los pueblos indios y un Estado efectivamente democrático".

Algo similar sucedió con el concepto de autonomía. Habiéndola aceptado como formulación genérica en los documentos principales, la delegación gubernamental la palomeó para los ámbitos municipales en el grupo 3, pero la rechazó en el mismo nivel en el grupo 1. En el marco de tales contradicciones o contrasentidos, el gobierno cerró filas contra toda definición de autonomía en los planos regionales, aceptando sólo la posibilidad de "analizarla" en la vía de la remunicipalización (definición de consenso del grupo 1).

Las contradicciones y contrasentidos de la delegación oficial no sólo se expresaron entre distintas comisiones de trabajo. En el grupo 3, por ejemplo, se aceptó en un documento el concepto de "libre determinación y autonomía", pero en otro se decidió dejar entre corchetes (fórmula para expresar el disenso gubernamental) la siguiente redacción: "Transformar las políticas de desarrollo se asocia de manera ineludible al reconocimiento y respeto por parte del Estado del ejercicio de la libre determinación de los pueblos indígenas, como uno de sus derechos fundamentales."

Dejar sin consensos el grupo 6 ("Cultura") no parece haber sido tampoco una simple casualidad, ni puede subestimarse como elemento de juicio para el balance de la segunda fase del diálogo de San Andrés, y ello por la sencilla razón de que esta primera mesa de diálogo está dirigida precisamente a discutir y definir el tema de "Derechos y culturas indígenas". Allí hubo un claro retroceso en relación con la primera fase del diálogo, donde se había llegado a aproximaciones no poco significativas de las partes.

2. La delegación gubernamental, decíamos, se expresó con torpeza y bajo profesionalismo, en un proceso en el que los representantes federales que provenían de instituciones ligadas de una u otra manera al mundo indígena (como el INI) fueron desplazados por representantes del gobierno estatal. Pero no sólo eso: la delegación gubernamental volvió a San Andrés con un disminuido ejército de funcionarios y asesores, entre los que los indios brillaron por su ausencia. El colmo fue que algunos de los que ahora se presentaron como asesores del gobierno no estuvieron en la primera fase y, en consecuencia, poca idea tenían sobre lo que en ella se había discutido.

En tales condiciones, algunos asesores e invitados del EZLN tuvimos la impresión de que en los grupos de trabajo no estábamos frente a delegados que hubieran llegado allí para dar un seguimiento inteligente y justo a los avances y productos aportados por la primera fase, sino frente a personeros gubernamentales —dominados por los del mundo local— que sólo habían llegado a hacer "ofertas", también locales. Ello provocó un debate fuerte en la comisión 3 ("Representación y participación política de los pueblos indios"), que motivó la elaboración de un documento de la delegación zapatista de dicho grupo en el que se decía: "El bloque de propuestas gubernamentales parece tener el formato de un pliego de respuestas a demandas puntuales [lo que] rompe con el espíritu del diálogo." Y se agregaba: "En el grupo de trabajo 3 no se han presentado demandas puntuales que requieran una respuesta gubernamental [sino] una reflexión colectiva entre invitados y asesores de las partes", de la que surgieron y se precisaron consensos y diferencias sobre el tema en cuestión.

Por desgracia, la "chiapanización" de la delegación gubernamental no estuvo definida sólo por el peso que en esta segunda fase adquirieron los funcionarios locales en los grupos de trabajo, sino también por la idea de los responsables de la delegación oficial de que ahora tocaba discutir y "negociar" sobre lo local. Una reacción fuerte de la delegación del EZLN, que incluyó la de sus asesores e invitados, imprimió una nueva dinámica a los debates y rompió de tajo con tales pretensiones.

La Jornada, 21 de noviembre de 1995.

El diálogo y la estrategia de "achicar" al EZLN

Un hecho "circunstancial", "falta de coordinación", problemas de entendimiento o en el envío y la recepción de las señales requeridas: tales fueron los argumentos esgrimidos por la Secretaría de Gobernación para explicar la presencia de 14 unidades militares en el poblado de La Realidad, en el mismo día y hora en que se llevaría a cabo el encuentro entre la Comisión de Concordia y Pacificación (Cocopa) y el Ejército Zapatista de Liberación Nacional (EZLN) para definir los términos del Foro Indígena, a realizarse durante la primera semana del próximo enero. Estamos hablando del pasado lunes 4 de diciembre.

Según la versión oficial, tales unidades militares (*jeeps* y camiones de combate, armados hasta las llantas) tenían funciones "de abastecimiento", en lo que se considera una operación "normal" en la ruta que va de Guadalupe Tepeyac a San Quintín.

Faltó a la Secretaría de Gobernación explicar por qué desde tres días antes se llevaban a cabo diariamente operaciones similares, por qué ese mismo 4 de diciembre 17 unidades de igual calado habían realizado una maniobra parecida en el curso de la mañana, y por qué en los dos o tres días que siguieron se mantuvo el tránsito intenso por La Realidad de sus heroicos comandos contraindígenas (la Conai lo constató el día 6 de diciembre, *in situ*).

Así parezca alejada de esos hechos, una entrevista de *El Nacional* a Jorge del Valle, una de las cabezas más visibles de la delegación gubernamental en el diálogo de San Andrés Larráinzar, publicada el mismo 4 de diciembre, promete ser más esclarecedora sobre el asunto que las propias declaraciones de

130

Gobernación, porque en ella no se escatima esfuerzo alguno para explicar la estrategia global del gobierno contra el EZLN, la Conai (Del Valle *dixit*!!!) y la Asamblea Democrática Estatal del Pueblo Chiapaneco (Adepech). Veamos.

Del Valle marca la existencia de dos fases cualitativamente distintas en la política gubernamental frente al levantamiento político de los indígenas de Chiapas. Explica que de marzo a noviembre de 1994 la constante fue la idea estratégica de contención del conflicto, a diferencia de la que se da a partir del inicio del gobierno de Zedillo, basada en la "reducción de los actores sociales y políticos" del mismo.

"Salinas buscó —señala el representante gubernamental—, después de intentar una negociación y que ésta fracasara con el primer Comisionado, que el conflicto no adquiriera mayor influencia política ni se extendiera a nivel territorial." Otra cosa sucede en los tiempos de Zedillo: ahora "se registra una perspectiva de reducción del conflicto". Y subraya el vocero oficial: "Se pasa de la contención a la reducción, en lo territorial, en lo social, en lo político local. Esta lógica estratégica consiste en darle a los actores del conflicto el tamaño que tienen; no regateárselo, pero tampoco exagerarlo." Del Valle confiesa además que tal estrategia no opera sólo contra el EZLN, pues eso es "lo que ha pasado" también con "la Comisión Nacional de Intermediación (Conai), con la Asamblea Democrática Estatal del Pueblo Chiapaneco (Adepech) y con otros (*sic*). Es una lógica de reducirlos hasta que tengan su tamaño real".

Más claro ni el agua. Del Valle dice aquí lo que antes sólo Iruegas se había atrevido a sostener públicamente ("la doctrina Iruegas"), a saber, que las negociaciones de San Andrés están dominadas por una lógica castrense, combinada con la *política-política* y la política social de la zanahoria y del embudo, todo ello tendiente a "achicar" el espacio social, político y territorial del zapatismo y "sus aliados".

Sin decirlo con todas sus letras, Del Valle está hablando aquí de la guerra de contrainsurgencia... y de otras cosas.

Volvamos al punto con el que iniciamos este artículo. Vale ahora ser mal pensados y suponer que las incursiones del Ejército federal a las que aludíamos no son "normales" ni dirigidas al "abastecimiento" de las tropas enclavadas en San Quintín, sino que fueron clara y "estratégicamente" definidas para cumplir dos objetivos posibles, uno "mínimo" y otro "máximo". El mínimo sería echar abajo o "reducir" el perfil social y político del foro indígena que se prepara para principios de enero y, con ello, "achicar" aún más "la oferta" gubernamental que se presentará en la tercera fase de la Mesa sobre Derechos y Cultura Indígena (programada entre el 10 y el 17 de enero).

El objetivo "máximo" tendría que ver con la pretensión, no agotada ni cancelada en el asalto militar de principios de febrero del año que ahora se acaba, de cortar alguna o algunas de las cabezas del Ejército Zapatista, para entrar de nuevo, en el escenario de San Andrés, a lo que fue el esquema soñado desde el principio por el embajador Iruegas: organizar un "diálogo" de rendición del EZLN y "aliados" locales y nacionales, no de debate y negociación de sus demandas. Se trataría, pues, de la versión Del Valle de la canción Iruegas: "diciembre me gustó pa' que te vayas". Mal pensados que somos.

La Jornada, 11 de diciembre de 1995

La tercera fase de la Mesa de Derechos y Cultura Indígena

El proceso que llevó a la primera parte de la plenaria de la Mesa de Derechos y Cultura Indígena (en adelante, la fase III) del diálogo de Sacamch'en de los Pobres entre el EZLN y el gobierno federal debe ser evaluado en un doble sentido o, si se prefiere, en dos pistas distintas, aunque *trenzadas.*

La primera es la que corresponde a la autoconstrucción de un nuevo movimiento indio nacional, con un itinerario que viene de lejos (por lo menos de 1992), pasa por el 1 de enero de 1994 y el despliegue de la fuerza y del pensamiento zapatista; se extiende a través del reavivamiento de luchas indígenas hasta ese momento adormecidas o inhibidas por la acción asistencial o represiva del Estado, o por la emergencia de nuevos sujetos sociales y políticos indios (la ANIPA, por ejemplo), arriba al Foro Nacional Indígena realizado en el valle de Jovel la primera semana de este enero, y confluye vigorosamente en San Andrés.

La segunda se inicia en San Miguel en febrero de 1995 (con antecedentes en el diálogo de la Catedral de San Cristóbal, en 1994), pasa por siete encuentros entre representantes del gobierno federal y el EZLN en Sacamch'en para "negociar" las condiciones de una paz digna, se anuda con el Foro Nacional Indígena ya mencionado, para llegar finalmente a la fase III.

La valoración referida a la primera pista deberá responder a estas preguntas: ¿Cuál es la organicidad y fuerza adquirida por ese nuevo movimiento indio nacional?; ¿cuáles son las líneas programáticas que, en el proceso referido de autoconstrucción, se ha dado este nuevo movimiento indígena? La segunda pista debe responder a otras preguntas: ¿Hubo reales avances en el proceso de diálogo entre el gobierno federal y el EZLN en el diálogo de San Andrés? Aquí nos concentramos en esta segunda pista.

Los resultados de la fase III deberán contar aún con la valoración de los pueblos indios de Chiapas y del país, para que pueda decirse si constituyen o no una base firme para negociaciones que lleven por el camino de la paz. No es nuestro interés, por tanto, adelantar juicios precipitados y absolutos sobre sus contenidos (sobre todo si, como se entiende, no dejan de ser apenas avances "en el papel"). No obstante, cabe indicar aquí que la distancia entre los resultados de la fase II (mediados de noviembre de 1995) y la fase III (10 a 17 de enero de 1996) del diálogo entre el EZLN y el gobierno federal es la de un abismo insondable, sólo comparable a la que, en un sentido metafórico, distingue a la barbarie de la civilización.

Mientras que en la fase II la representación gubernamental conceptualizaba pueblo indio como "poblado", y rechazaba tajantemente vincular dicho concepto a la idea de territorio, en la fase III aceptaba la definición de pueblo indígena plasmada en el Convenio 169 de la OIT; mientras que en la fase II la parte oficial rechazaba la idea de la "libre determinación de los pueblos indígenas" como un derecho fundamental (idea que quedó "encorchetada" en el grupo 1), en la fase III aceptaba que "el derecho a la libre determinación (de los pueblos indígenas) se ejercerá en un marco constitucional de autonomía".

Mientras que en la fase II el gobierno pretendió saldar el debate sobre "derechos y cultura indígena" con una "oferta generosa" para Chiapas, en la fase III aceptó entrar en el debate sobre lo nacional y dar ese sentido y proyección al diálogo de Sacamch'en.

En la fase III se acepta, entre otros aspectos, que las comunidades y pueblos indígenas puedan participar en los procesos electorales sin la necesaria participación de los partidos políticos; se acepta, a la vez, la existencia de un "sistema normativo interno" de pueblos y comunidades. Se reconocen "prácticas y métodos de los pueblos en la resolución de conflictos, en jucios agrarios, civiles, penales y administrativos". Se reconocen las figuras de sistema de cargos, asamblea y consulta popular, dentro del orden de gobierno propio de los pueblos.

Estas y otras definiciones presuponen —en los documentos referidos de la fase III—, para el caso de Chiapas, la reforma de más de una decena de artículos de la Constitución local (3, 4, 10, 11, 16, 27, 29, 48, 56, 58, 59), así como de todos los Códigos (Civil, Penal, Electoral) y las leyes locales (Orgánica del Poder Judicial, Orgánica Municipal; se agrega la propuesta de formular una ley de justicia y desarrollo agrario). Y presuponen, a la vez, una serie de acciones y medidas prácticas, entre las que destaca la propuesta de la "remunicipalización y redistritación" ("para garantizar una mejor representación política de los indígenas"), la instalación de una Mesa Agraria (diferente a la que hoy existe), la creación de la cuarta visitaduría general a cargo de asuntos indígenas dentro de la CNDH, etcétera.

¿Hubo retrocesos o serios puntos de desacuerdo? Hay que señalar, entre otros, el rechazo de la parte gubernamental a que la definición de autonomía abarcara los ámbitos regionales, así como la vaguedad o imprecisión con la que manejó la idea o ideas referidas al reconocimiento de la existencia de un "pluralismo jurídico". Hay que agregar, a la vez, la insistencia gubernamental en posponer el debate sobre la cuestión agraria.

Falta mucho camino por recorrer. Los resultados de la fase III del diálogo de Sacamch'en son "bases de acuerdos" sujetos a la consulta que en las próximas semanas llevará a cabo el EZLN. Falta por ver, por lo demás, si el gobierno acompaña sus palabras con acciones prácticas de distensión. La cita tiene una marca precisa en el calendario: el próximo 13 de febrero.

La Jornada, 23 de enero de 1996

Triunfo indígena en Sacamch'en

No se irá a San Andrés a negociar lo que ya es un patrimonio propio, no se trata de ir allá a pedir al gobierno que nos entregue razón y corazón, pues éstos son nuestros, no son de nadie sino nuestros; no se trata de ir a las negociaciones a pedir permiso para vivir y para luchar, pues por ello es que de por sí existimos unidos en lo que se llama autonomía. Se trata de ir a San Andrés a arrancar al gobierno lo que nos han quitado pero, sobre todo, se trata de ir allá a dar y oír la voz indígena, la voz del pueblo, la que nadie ni nada puede ni podrá callar.

Con estas palabras, una dirigente indígena tzeltal se dirigió a la asamblea en la que se llevaba a cabo la consulta que el EZLN realizó en la Selva y en Los Altos de Chiapas; fueron éstas las palabras que dieron su voto en favor para llegar a un acuerdo político con el gobierno federal en la Mesa de Derechos y Cultura Indígena.

"Varias decenas de miles de hombres y mujeres" indígenas de la Selva y de Los Altos de Chiapas hicieron lo mismo: aceptaron formalizar con el gobierno federal los acuerdos y compromisos de la Mesa de Derecho y Cultura Indígena, pues vieron en ellos un producto inicial de sus afanes transformadores.

La conciencia colectiva expresada en la consulta de la Selva y de Los Altos reflejó la inteligencia y la profundidad de miras del mundo representado por el zapatismo, que no ve en la formalización de los acuerdos la culminación o el término del proceso, sino sólo un paso más en el camino. Por ello es que el documento de evaluación presentado por el EZLN y sus asesores e invitados "al pueblo de México" y a "los pueblos y go-

biernos del mundo" tiene como título: "El diálogo de San Andrés y los derechos y cultura indígena. Punto y seguido."
¿Son significativas las conquistas del movimiento indígena nacional en Sacamch'en? Mucho se ha hablado ya sobre el sentido de estos avances, por lo que cabe aquí sólo mencionar algunos de los más relevantes: reformas constitucionales para reconocer un régimen de autonomía para los pueblos indios de México (artículo 4o. y formulación de su ley reglamentaria); cambios a la Carta Magna para reconocer, a la vez, formas propias de organización social y política de los indígenas (artículo 115), "sin la necesaria participación de los partidos políticos"; establecimiento de un marco jurídico que acepte los "sistemas normativos" propios de tales pueblos; estrategias de remunicipalización y de redistritación que permitan una mejor y más justa participación y representación indígena en los planos regionales y estatales; reformas a no menos de diez artículos de la Constitución chiapaneca, dirigidas a formalizar en el plano local conquistas políticas, sociales, culturales y autonómicas, etcétera.

Pero tal vez el producto más relevante de la Mesa de San Andrés sobre cultura y derechos indios haya sido el que, por primera vez en la historia del país, "una organización opositora, y en este caso rebelde ante el orden establecido, incluya a la sociedad en su conjunto en una negociación que tiene por meta final la transición a la democracia".

¿Se conoce una estrategia más exitosa y original de construcción y de reafirmación de identidades colectivas —de construcción de nuevos sujetos políticos— que la que va de las movilizaciones indias de 1992 al Foro Nacional Indígena de enero? ¿Se había logrado en la historia moderna de México la apertura de una negociación con el Estado capaz de avanzar en aspectos de definición fundamentales desde el campo social y político de lo popular, sin la intervención o mediación de los partidos? Ambas preguntas tienen en mi opinión una respuesta negativa. Y es en este momento y en este marco, en el que, paradójicamente, los críticos del zapatismo dicen o sugieren que el EZLN es incapaz de participar seria y eficazmente en la transformación social y política del país.

Los resultados de la Mesa de Derechos y Cultura Indígena, decíamos, representan sólo un primer paso en el proceso que lleve a la firma de un acuerdo de paz entre el EZLN y el gobierno federal. Falta por ver si éstos inciden de veras en las instancias políticas de decisión y de formulación de leyes, pero falta por ver también si el arribo a acuerdos entre el EZLN y el gobierno federal llevan a medidas serias de distensión y a cancelar la guerra de baja intensidad que aún se aplica en las tierras indígenas de Chiapas. ¿Será? Por lo pronto los indios de México ya tomaron en sus propias manos lo que quedó plasmado en los acuerdos, y los han puesto a caminar.

La Jornada, 15 de febrero de 1996

LA MESA DE DEMOCRACIA Y JUSTICIA Y LA PROPUESTA DEMOCRÁTICA DEL EZLN (1996)

De la Mesa sobre Derechos y Cultura Indígena a la Mesa sobre Democracia y Justicia

Lo que parecía un simple trámite se convirtió en una complicada reunión "intermedia" en el diálogo de San Andrés entre el EZLN y el gobierno federal. En el tránsito de la mesa I (Derechos y Cultura Indígena) a la mesa II (Democracia y Justicia), en un encuentro encargado de discutir y decidir "sólo" sobre la Comisión de Seguimiento y Verificación y sobre la temática y funcionamiento de la segunda mesa, se gastaron más de 140 horas de cordones de seguridad, de ires y venires de la intermediación, de enojos y molestias de las partes, de tintas, faxes, fotocopias y declaraciones.

No era para menos: la mesa II está considerada por todos como La Mesa del Diálogo (así, con mayúscula), pues la discusión y negociación sobre los temas de democracia y justicia cruza todo el proceso, en cada uno de sus eslabones y en el conjunto de la cadena. Los documentos signados entre las partes en la mesa de Derechos y Cultura Indígena no valdrán más que el papel en el que se escribieron si en la de Democracia y Justicia no se llega a acuerdos sustantivos; de igual manera, la mesa de Bienestar y Desarrollo y la de Derechos de la Mujer en Chiapas (mesa III y mesa IV) no tendrán mayor futuro si en la que sigue no se arriba a resoluciones importantes. Con ello la búsqueda de una paz digna por la vía del diálogo quedaría cancelada, con las consecuencias sociales y políticas que todo mundo puede imaginarse.

La reunión "intermedia" llevada a cabo entre el 5 y el 11 de marzo dio un resultado malo y otro bueno. El malo se expresó en el rubro sobre la conformación de la Comisión de Seguimiento y Verificación, que no prosperó por diferencias importantes entre las partes en torno al número y calidad de sus integrantes. El bueno estuvo en que se logró integrar una propuesta de consenso sobre el número de grupos de trabajo de la mesa II, así como sobre los temas de la misma y su desagregación. Se decidió conformar siete grupos de trabajo (propuesta zapatista) y no cinco (propuesta gubernamental), cuestión que mejoró el ordenamiento y desglose de los temas y sentó las bases para que su tratamiento en la discusión tenga mayor profundidad. La estructura temática comprende todo el marco posible del debate, en lo nacional y en lo local (el tratamiento de lo nacional —la reforma del Estado— fue también un triunfo en la mesa del EZLN), en los rubros de partidos y elecciones, democracia social, federalismo, organizaciones sociales y participación ciudadana, democracia y medios de comunicación, democracia y soberanía, justicia social, derechos humanos, etcétera.

Esta segunda pista de la discusión fue, pues, finalmente positiva. No obstante, los puntos de acuerdo a los que se llegó aquí, formalmente buenos, apenas enuncian diversas y contradictorias posibilidades sobre lo que viene. Existe la sospecha fundada de que el gobierno flexibilizó en un último momento su propuesta en favor de las posiciones zapatistas, no tanto porque realmente esté interesado en llegar a buenas conclusiones y a acuerdos sustantivos, sino porque no piensa convocar a asesores e invitados que, de su parte, aporten ideas de interés en el debate.

¿Podría dicha posibilidad sellar el futuro de las negociaciones en la mesa? No necesariamente. Echados a andar los trabajos de la misma, con presencia o no de asesores e invitados por parte del gobierno en la fase I, lo que es claro es que la parte oficial enfrenta ya a una enorme bola de nieve que no podrá detener casi bajo ninguna maña o sortilegio. El EZLN llevará a dicha fase a no menos de 250 asesores e invitados, quienes pasan lista en las organizaciones e instituciones sociales, políticas, académicas y culturales más relevantes del país.

Entre otros productos, la fase I de la mesa de Democracia y Justicia aportará los lineamientos y propuestas más ricos y acabados que sobre el tema se hayan presentado en México en las últimas décadas.

Por la forma en que está diseñada, por lo demás, la nueva fase del diálogo en San Andrés pondrá sobre sus pies un debate que en la mesa de Barcelona y en el Congreso se encuentra de cabeza: la reforma política verdadera y "definitiva" no es ni será si no se discute y acuerda en el terreno de la relación general entre el Estado y la sociedad y, en consecuencia, si no se discute y acuerda en torno a la necesidad de refundar el Estado.

La Jornada, 18 de marzo de 1996

La Mesa de Democracia y Justicia: EZLN y la reforma del Estado

"El sistema de partidos y de representaciones sociales corporativas existentes en el país difícilmente expresan la vocación autónoma de amplias capas ciudadanas y de las organizaciones sociales. El país no cabe en este sistema, al punto de que su persistencia es ya uno de los principales factores de inestabilidad política en el país [...] La democracia desde abajo [...] exige una nueva relación entre gobernantes y gobernados [...] Sin negar ni menospreciar la importancia que los partidos políticos tienen en la vida nacional, una visión sustantiva de la democracia contempla la apertura de espacios ciudadanos no partidarios en la lucha política, tanto en el terreno de la construcción de las representaciones como en el ejercicio mismo del poder [...]".

Esta línea de definición se expresa en la primera parte del documento que el EZLN presentó sobre la mesa los pasados 16 y 17 de julio en Sacamch'en de los Pobres ("Documento del EZLN para la Fase 3 de la Mesa 2, Democracia y Justicia", en adelante EZLN-DYJ), en el marco del prearranque (fase de "prenegociación", se le llamó) de la Plenaria de la Mesa de Democracia y Justicia, segunda de las cinco que compone el proceso global de negociaciones entre los zapatistas y el gobierno federal.

Esta posición inicial orienta el sentido general del documento EZLN-DYJ presentado en el momento de la "prenegociación", pero no subsume el conjunto de sus líneas fundamentales de concepción: de hecho, a partir de tal punto de partida se despliega un rico arcoiris de ideas y propuestas, en los subtemas: democracia social y democracia participativa, derechos y cultura indígena, organizaciones sociales y participación social, justicia social y derechos humanos, democracia y soberanía na- cional, nuevo federalismo y fortalecimiento municipal, división de poderes y presidencialismo, sistema de partidos y re- forma electoral.

Con todo y ser un "documento inicial", cabe decir que en el EZLN-DyJ no existe desperdicio: a lo largo de sus 37 apretadas cuartillas se exponen las líneas básicas de una propuesta global de reforma del Estado. En otras palabras, en él se expresa la orientación de lo que pudiera ser un verdadero cambio de régimen en México. Cumple así con dos objetivos precisos perseguidos a nuestro entender por el EZLN desde el principio del diálogo de San Andrés: el primero, recoger y proyectar el planteamiento programático más completo y rico del movimiento democrático nacional, tejido a ciencia y conciencia por las voces de ese mismo movimiento, expresadas por el propio zapatismo, por los participantes en la Mesa de Derechos y Cultura Indígena y en el Foro Nacional Indígena de enero pasado, por los ponentes y representantes de organizaciones políticas, sociales y populares que estuvieron en la primera fase de la Mesa de Democracia y Justicia, y por los cientos de ponentes (intelectuales, dirigentes de organizaciones y partidos políticos, académicos, activistas y miembros de la sociedad civil) del reciente Foro Nacional para la Reforma del Estado. El segundo, presentar desde allí —desde el propio movimiento democrático nacional— una base firme de propuestas que entran en el plano de la negociación política con el gobierno.

En nuestra opinión, entender este doble objetivo del EZLN en el proceso de diálogo de San Andrés (y el entrelazamiento de dichos objetivos) resulta esencial, pues de otra manera se podría pensar que el ordenamiento y concatenación específicos de los temas en el documento EZLN-DyJ —que se inicia con el punto de democracia social y democracia participativa y culmina con el de sistema de partidos y reforma electoral— orienta sólo o fundamentalmente sobre las prioridades de los zapatistas en el proceso mismo de la negociación.

Nuestra idea es diferente: el orden en que están organizados y concatenados los temas o subtemas tiene que ver con una concepción sobre la democracia que coloca la cuestión del poder —y del ejercicio del poder— "sobre sus pies", es decir, que pone en evidencia el hecho de que el poder —realmente— emana del pueblo (de "la sociedad") y tiene en éste su primera y última fuente de sustentación. En otras palabras: la reforma del Estado no puede tener como su punto de partida la transformación del sistema electoral y de partidos, aunque esta misma sea sin duda un elemento esencial o sustantivo de aquélla. La pirámide, en consecuencia, tiene que ser rediseñada y restructurada desde su base.

"El método" sugiere otra idea fundamental que cruza el conjunto de los temas para que éstos puedan ser "diseccionados": se trata de poner en cuestión la "relación entre gobernantes y gobernados" (los primeros deberán "mandar obedeciendo") y, por ello, la piedra de toque de todo el debate —y por tanto de todos los temas— se ubica en el punto de la legitimidad del poder y de su ejercicio. Cuando el debate es abordado de tal forma se evidencian no sólo los problemas derivados de una creciente "autonomización del poder político", sino también todos los vicios y problemas que surgen del conjunto del "sistema de representación", por lo que los propios partidos políticos son interrogados: ¿los partidos realmente existentes se articulan con legitimidad de mando y representación a sujetos sociales consistentes, o tienden a despreciar ese vínculo o articulación para construir o sustentar su propio poder del que de buena o mala gana le conceden los operadores políticos del bloque gobernante?

El ordenamiento temático del documento EZLN-DYJ no da pues un sentido simple de prioridades para la negociación con el gobierno —pues no se trata de un pliego petitorio—, sino la ecuación aproximada de la idea zapatista sobre la democracia, así como de las rutas —de concepción, de construcción, de propuesta— que hay que seguir en México para alcanzarla. En lo que sigue nos referiremos someramente a algunos de los puntos clave de dicha idea, tal y como están expresados en el texto del EZLN aquí multicitado. Por cuestiones de espacio sólo comentaremos cuatro de los ocho temas o subtemas del documento EZLN-DyJ, y de éstos únicamente hablaremos de lo planteado en el nivel nacional (la mayor parte de las propuestas sobre Chiapas se derivan directamente de lo que se propone en el nivel nacional).

DEMOCRACIA SOCIAL Y DEMOCRACIA PARTICIPATIVA

El primer punto de propuesta plantea "ampliar las formas de participación política estableciendo mecanismos de democracia directa". Se requiere para ello reformar la Constitución, estableciendo que

> El sistema democrático que adopte el pueblo como forma de gobierno será representativo para la integración de los Poderes de la Unión, y directo, bajo las formas de plebiscito, referéndum, iniciativa popular, acción popular y revocación de mandato, en los términos que la propia Constitución establezca.

Luego de precisar las líneas de cambio referidas al plebiscito, el referéndum, la iniciativa popular, la acción popular y la revocación de mandato, se añade la propuesta de incorporar la figura de "afirmativa ficta", que consiste en que "si en un periodo de 30 días la autoridad no responde a una petición ciudadana derivada de un derecho legítimo, ésta se considerará aprobada u otorgada..."

En el mismo marco de propuestas se propone incorporar la figura de rendición de cuentas de los representantes en el Congreso, del presidente de la República, de los gobernadores y de otros funcionarios públicos, "en el entendido de que la rendición de cuentas se haga a través de informes a la ciudadanía en prensa y/o en actos expresamente convocados para tal efecto, a partir de una petición calificada de los ciudadanos residentes en el ámbito geográfico-político (municipio, distrito, estado, país) que corresponda". Y se agrega: "La rendición de cuentas deberá aplicarse a través de listas de firmas de los ciudadanos demandantes, que deberán definirse en cada caso y nivel como un porcentaje determinado de la población con derechos ciudadanos de las áreas referidas".

En el subtema "Democracia y democracia participativa" se incorporan además, entre otras, las siguientes propuestas: *a)* legislar sobre la formación de órganos ciudadanos de vigilancia y de contraloría social, "que sean autónomos frente a los poderes y órganos formales del gobierno y de representación política" (se habla en particular de la necesidad de establecer controles y de vigilar los gastos del ramo XXVI); *b)* reglamentar el derecho a la información (se incluyen diversas propuestas específicas para ello); *c)* La aprobación constitucional de la figura de "revocación de mandato", consistente en el derecho de los ciudadanos tanto a elegir como a destituir a sus representantes y a funcionarios, bajo un sistema de voto plebiscitario a partir "de la demanda de un cierto número de ciudadanos a nivel federal, estatal y municipal".

ORGANIZACIONES Y PARTICIPACIÓN SOCIAL

Además de las reivindicaciones sobre la libertad de asociación sindical, que deberá lograrse a partir de la supresión del "registro obligatorio de sindicatos, para que no se condicione [su] existencia [...] y su personalidad jurídica por la autoridad", el documento EZLN-DYJ plantea la necesidad de eliminar "la cláusula de exclusión como una forma de control y sometimiento de los trabajadores", la supresión de "apartados de excepción como el *b* del artículo 123 constitucional", y la supresión del "monopolio de la Federación Sindical de los Trabajadores al Servicio del Estado".

Otros planteamientos básicos del documento EZLN-DYJ en este nivel son el reconocimiento pleno a los derechos de asociación gremial y de organización sindical de los jornaleros y de los asalariados rurales, así como la definición de un "estatus laboral particular para los trabajadores migrantes" (se hace una especial mención al caso de las mujeres migrantes).

Obviamente, las propuestas abarcan a la vez el terreno de

la organización agraria, con una serie de definiciones en favor de las asambleas comunitarias —indígenas y no indígenas—, de la asamblea ejidal (por lo que se demanda la reforma del artículo 27 constitucional), y de la formación de Consejos Agrarios y Campesinos "que las comunidades y pueblos establezcan libremente para fines productivos, de abasto y de comercialización".

En el ámbito de la sociedad civil, la propuesta del documento EZLN-DYJ plantea la "libertad plena" a su organización, "en comités, redes de asociación, clubes, centros y espacios culturales y de recreación, etcétera. La célula base de organización [podría ser] el Comité Civil, que estaría constituido por un mínimo de miembros [a determinar] y tendría fines no lucrativos ni políticos-electorales". A ello se añadiría la "creación de la figura de Asociación Política Nacional sin fines u objetivos electorales, así como de las figuras correspondientes en los planos estatales". Dichas Asociaciones Políticas Nacionales (APN), que contarían con un registro civil reconocido, podrían beneficiarse de un régimen fiscal particular. Las APN de este tipo podrían "coaligarse con otras asociaciones u organizaciones no gubernamentales o con partidos políticos, para emprender campañas cívicas, educativas, culturales, o de otra índole". También podrían establecer "convenios con instituciones académicas, no gubernamentales, fundaciones o de otro tipo, que canalicen recursos para el desarrollo, o lleven a cabo cualquier otra actividad que no tenga fines lucrativos".

JUSTICIA SOCIAL Y DERECHOS HUMANOS

En este rubro el documento EZLN-DYJ se divide en dos grandes subtemas: justicia social, por un lado; justicia, orden jurídico y derechos humanos, por el otro.

"Deben reafirmarse y ampliarse en la Constitución los derechos sociales de los mexicanos, como el derecho al trabajo, los derechos colectivos de los pueblos indios, el derecho a la alimentación, a un salario digno, etcétera." Esta definición general presupone una concepción distinta a la neoliberal sobre el papel del Estado: éste está obligado a aplicar "políticas redistributivas", pues "los derechos sociales de los mexicanos no pueden ser regulados por el juego de la oferta y la demanda, ni ser objeto de especulación o de mercado".

Otro elemento de definición resulta decisivo: "La transformación del Estado que se pretende deberá basarse en derechos individuales y sociales generales, y no en condiciones de excepcionalidad y de exclusión". De este planteamiento se deriva una crítica obligada a "las políticas de combate a la pobreza basadas en la focalización y en la delimitación de acciones compensatorias, que no sean estrictamente temporales y de emergencia".

En el documento EZLN-DyJ se plantean varias líneas de propuesta para ganar una real independencia del poder judicial, y ello en los planos federales, estatales y municipales. Se delinean reformas al Consejo de la Judicatura, y se propone que en las entidades federativas se creen órganos equivalentes. Otros niveles de cambio quedan planteados para los "jueces menores o municipales" y para la figura y función del Ministerio Público. (Las propuestas en el terreno de los derechos humanos son amplias y consistentes, pero aquí no las comentaremos por razones de espacio).

NUEVO FEDERALISMO Y FORTALECIMIENTO MUNICIPAL

La propuesta zapatista sobre el federalismo parte de considerar al municipio como "el ámbito de gobierno más cercano a la población"; como "...el espacio donde se dirimen en primera instancia las contradicciones sociales, se expresan las necesidades primarias y las relaciones de poder, y puede ser un espacio privilegiado para la construcción de la democracia". De allí que una buena parte de las propuestas del documento EZLN-DyJ esté concentrada en la transformación a fondo de la "célula municipal" que, en el plano constitucional, presupone la reforma de varios artículos, pero fundamentalmente la del 115.

Entre otras de las ideas adelantadas en el documento EZLN-DYJ, está la de que puedan establecerse "relaciones y convenios intermunicipales de todo tipo, sin necesidad de que éstos sean aprobados y regulados por los Congresos y los Ejecutivos estatales". Esto, que ya está definido constitucionalmente, deberá "ser reglamentado con mayor precisión, y debe ampliarse la posibilidad legal de que los municipios de diferentes estados puedan establecer relaciones y convenios entre ellos sin necesidad de que intervengan los Congresos y Poderes Ejecutivos de sus respectivos estados".

Se requeriría además, sobre la misma base, "dar al municipio (y a los municipios, en forma coaligada) la posibilidad de negociar empréstitos con instituciones de diversa índole, privadas o públicas". Un elemento ganado ya para los municipios indios —en la Mesa de Derechos y Cultura Indígena— se propone hacerlo extensivo a todos los municipios: "...la posibilidad de remunicipalizar, a partir de criterios étnicos, culturales o de desarrollo..."

Central en el planteamiento zapatista es "establecer bases y condiciones para el ejercicio de formas de autogobierno"; también lo es incorporar "a su régimen de ejercicio de gobierno y de representación las figuras de referéndum, plebiscito, iniciativa popular, revocación de mandato, rendición de cuentas y afirmativa ficta". Los agentes municipales deberán ser elegidos a través del voto secreto y directo, o de los mecanismos de democracia ya establecidos en los municipios indígenas, y no designados por la autoridad municipal".

También deberá transformarse el actual sistema fiscal, para que "en ningún caso las contribuciones federales participables [sean] inferiores al 20% para los municipios, ni al 20% para las entidades federativas". En la misma perspectiva, tal reforma fiscal "debe ampliar las capacidades recaudatorias propias de los ayuntamientos, sin que ello signifique que se establezcan mayores cargas tributarias sobre los más pobres".

A otras propuestas de cambio sobre el sistema fiscal se añaden en la idea zapatista: la "penalización del uso electoral y clientelar de los presupuestos gubernamentales"; la reglamentación del funcionamiento del cabildo abierto; la reforma del sistema nacional de planeación para que los municipios participen realmente en la definición, control y vigilancia de los programas de desarrollo y en los proyectos estatales y sociales de inversión; la creación de la figura de "Consejos Regionales, con la participación de sujetos políticos, sociales y productivos heterogéneos, capaces de participar en la planeación, control, seguimiento de inversiones y actividades diversas para el desarrollo regional".

A MANERA DE CONCLUSIÓN

La propuesta expresada en el documento EZLN-DyJ retoma —para reafirmar y en su caso ampliar— los temas de la Mesa de Derechos y Cultura Indígena, y se extiende sobre los capítulos de "Justicia, orden jurídico y derechos humanos", "Democracia y soberanía nacional", "División de poderes y presidencialismo" y "Sistema de partidos y reforma electoral". Aquí no nos hemos referido a ellos por falta de espacio, pero además porque nuestro objetivo en este breve artículo no es estudiar el conjunto de las propuestas, sino únicamente mostrar algunas de las claves del planteamiento zapatista sobre Democracia y Justicia.

Sólo quisiéramos hacer un último señalamiento. Que los planteamientos del EZLN no reeditan viejos prejuicios antipartidistas y abstencionistas de la izquierda mexicana (como lo quisieran ver algunos críticos del zapatismo a principios de este año, cuando apareció la Cuarta Declaración de la Selva Lacandona) está hoy ampliamente demostrado por los hechos. Pero por si algo faltara para convencerse, habría que mencionar la importancia que el tema "Sistema de partidos y reforma electoral" tiene en el documento EZLN-DyJ, en muchos aspectos más desarrollado y consistente que algunas propuestas originales de los partidos de oposición que actualmente participan en el debate.

La Jornada del Campo, núm. 47, 31 de julio de 1996

Chiapas: entre el diálogo y la guerra

No es un simple tropezón

La suspensión temporal del diálogo de San Andrés Sacamch'en —y del Foro Nacional para la Reforma del Estado— entre el gobierno federal y el EZLN no puede ser considerada como un simple tropezón en el camino.[1] Provocada por la sentencia de un juez menor que condenó sin prueba alguna a Javier Elorriaga y a Sebastián Entzin por terrorismo, se significa como muestra palpable de que el gobierno ha perdido (¿definitivamente?) la brújula del diálogo verdadero y sigue a pie juntillas la "doctrina Iruegas" del estrangulamiento. La sentencia contra Elorriaga y Entzin no es por desgracia un "elemento externo" de las negociaciones de San Andrés, como afirma Marco A. Bernal,[2] sino parte esencial de las mismas, en lo que ha representado hasta el momento la fórmula ya señalada del embajador Gustavo Iruegas que, en la versión más reciente de Jorge del Valle, se conoce como la "estrategia de la reducción o del achicamiento". El mismo Bernal evidenció el papel que el *affair* Entzin-Elorriaga jugaba en la lógica gubernamental en el diá-

[1] La fase tres o Plenaria de la Mesa de Democracia y Justicia se desarrollaría, según acuerdo original entre las partes, a partir del próximo 5 de junio. El Foro Nacional sobre la Reforma del Estado, promovido por el EZLN y apoyado por la Cocopa (éste, como el Foro Nacional Indígena realizado a principios de enero pasado, se inscribieron en los acuerdos entre las partes), se suspendió temporalmente dada la situación que se generó a partir de la sentencia contra Elorriaga y Entzin.

[2] Entrevista de Arturo Cano a Marco A. Bernal, "Sin diálogo no hay solución", *Enfoque*, núm. 125, 26 de mayo de 1996.

logo de San Andrés, cuando sugirió que "el caso" podría ser negociado sobre la mesa si así lo aceptaba el EZLN. Ello no impidió, por cierto, que unos días después Bernal dijera a Arturo Cano simple y llanamente lo contrario: que la condena a Entzin y Elorriaga era una consecuencia respetable de nuestra "división de poderes".[3]

LA REDUCCIÓN DEL CONFLICTO

La novísima estrategia de "la reducción o el achicamiento" fue presentada con significativa precisión por Jorge del Valle apenas en diciembre de 1995. Del Valle identificó la existencia de dos fases cualitativamente distintas en la política gubernamental frente al levantamiento de los indígenas de Chiapas. Explicó que de marzo a noviembre de 1994 la constante fue la idea estratégica de contención del conflicto, a diferencia de la que se da a partir del inicio del gobierno de Zedillo, basada en la "reducción" de los actores sociales y políticos del mismo.[4]

"Salinas buscó —señalaba el representante gubernamental—, después de intentar una negociación y que ésta fracasara con el primer comisionado, que el conflicto no adquiriera mayor influencia política ni se extendiera a nivel territorial." Otra cosa sucede en los tiempos del zedillismo: ahora "se registra una perspectiva de reducción del conflicto". Y subrayaba el vocero oficial: "Se pasa de la contención a la reducción, en lo territorial, en lo social, en lo político local. Esta lógica estratégica consiste en darle a los actores del conflicto el tamaño que tienen..." Del Valle confesaba además que dicha vía de achicamiento no operaba sólo contra el EZLN, sino también contra la "Comisión Nacional de Intermediación (Conai), con la Asamblea Democrática Estatal del Pueblo Chiapaneco (Adepech) y

---

[3] Dijo Bernal: "Hemos aspirado mucho tiempo a que haya una real y verdadera división de poderes, y cuando de repente algunos signos de esta división de poderes se nos manifiestan, no nos gusta." Entrevista de Arturo Cano a Marco A. Bernal, *idem*.
[4] Entrevista a Jorge del Valle aparecida en *El Nacional*, 4 de diciembre de 1995.

con otros (*sic*). Es una lógica de reducirlos hasta que tengan su tamaño real".[5]

EL QUIEBRE DE RITMOS, TIEMPOS Y CONDICIONES

La estrategia de "la reducción" o del "achicamiento" es la que hoy se pone en evidencia y quiebra los ritmos, tiempos y condiciones en que se venía desarrollando el proceso de diálogo de San Andrés. Pone en cuestión, en consecuencia, los formatos, métodos y vías sobre los cuáles se venía construyendo, así fuera penosamente, un camino hacia la paz. Su razón de ser queda al desnudo y, con ella, un "método" de acción y de participación política que, al decir de Jaime Martínez Veloz, lleva "la negociación al límite y apuesta más al desgaste de su contraparte que a la celebración de acuerdos"; pretende el "acorralamiento y la negociación bajo presión, muy similar a los cánones propuestos por los manuales tradicionales de la lucha antiguerrillera"; focaliza "la solución de la problemática global en el aislamiento y la derrota del EZLN, con todos los riesgos que ello entraña".[6]

La cuestión es clara, y remite sin duda a la esencia de la "doctrina Iruegas-Del Valle": las armas y no la voz son las que mandan en las negociaciones; la lógica de lo militar subordina y dirige la lógica de las palabras y de los acuerdos. El resultado de esta línea de mando es, en una de sus vías, guerra de baja intensidad, cerco y acorralamiento de los indígenas rebeldes, eutanasia por hambre y por enfermedad de amplios conglomerados; en otra de sus vías, es la dictadura del silencio en la apertura de la Mesa de Democracia y Justicia, o la presencia de asesores ex guerrilleros o ex izquierdistas en la delegación gubernamental, o invitados y delegados gubernamentales con poco o nulo conocimiento en los temas sustantivos del debate.

---

[5] *Idem.*
[6] Jaime Martínez Veloz, "¿Chiapas, principio o fin de la reforma del Estado?", *Enfoque*, núm. 214, 19 de mayo de 1996.

Dichas vías se han "cruzado" con la precisión de una ley matemática en cada uno de los encuentros o fases de las negociaciones en Larráinzar: conforme se ha desarrollado el proceso de diálogo —a lo largo de los seis o siete días que duran las "fases" de cada Mesa,[7] así como en las reuniones que desde el encuentro de San Miguel llevaron a la discusión de los denominados "temas sustantivos"—, se ha dado el asesinato de indígenas prozapatistas y perredistas, o el desalojo violento de campesinos que demandan justicia agraria, o la provocación de grupos paramilitares o del ejército federal.

"MILITARIZACIÓN POR APROXIMACIÓN"

Entre "Larráinzar I" y "Larráinzar IV" (de abril a julio de 1995) el EZLN insistió en que antes de entrar a discutir los "temas sustantivos" de la agenda de paz era indispensable llegar a un acuerdo político sobre la distensión. El punto fue puesto sobre la mesa por los zapatistas desde el encuentro de San Miguel. Para llegar a un acuerdo en este aspecto la delegación del EZLN ofreció "mantener sus posiciones de montaña" por todo el tiempo que durara el proceso de negociación y hasta que las nuevas medidas fueran pactadas entre las partes. Se comprometía a la vez a "no realizar ningún movimiento de avance militar o toma de control militar" sobre las posiciones que desocupara el ejército federal, a "no tomar control militar en los territorios adyacentes a sus posiciones de montaña", y a no instalar retenes ni puestos de revisión u "obstáculo alguno" que impidiera el libre tránsito. Fue en este punto preciso en el

---

[7] Cada Mesa del diálogo (Mesa de Derechos y Cultura Indígena, Mesa de Democracia y Justicia, Mesa de Bienestar y Desarrollo, Mesa de Mujeres) está organizada en tres partes o momentos, a partir de grupos o subgrupos de trabajo, organizados a partir de una subdivisión temática acordada por las partes. La duración de cada fase es de aproximadamente seis días hábiles, con descansos o intermedios entre cada fase que dura entre 15 o 20 días en promedio. Por ello es que cada Mesa puede tener una duración de dos a tres meses.

que apareció con toda claridad la lógica castrense de los negociadores gubernamentales: la contrapropuesta de los delegados oficiales consistió en avanzar en un proceso que denominaron "distensión por aproximación", y que llevaría a agrupar a los zapatistas en zonas específicas dentro de la selva. El ejército federal, por su parte, asentaría sus campamentos en siete rutas que cruzarían todo el territorio del conflicto, con plena libertad de movimiento para cumplir sus "funciones de vigilancia y sus necesidades de avituallamiento". El colmo de la "generosa oferta" de los delegados oficiales fue cuando adelantaron la especie de que en dicho marco los miembros del EZLN se convertirían en "cuidadores del orden público local", con el compromiso de "observar la ley, de informar de presuntos hechos delictivos y, en su caso, de poner en disposición de las autoridades competentes a los presuntos responsables..." No se trataba pues de una propuesta real de distensión, sino, por el contrario, de una propuesta de "militarización por aproximación" que chocaba con toda lógica de diálogo. Era sin duda una exigencia simple y directa de rendición, inaceptable para los zapatistas. Su rechazo tajante por parte de la delegación del EZLN desveló el odio racista y la actitud aristocratizante de los delegados oficiales: Iruegas acusó a los zapatistas de "mentirosos e insolentes", en un tono digno del más común de los personajes ladinos de cualquier historia de Traven. Como castigo ejemplar, Iruegas-Valle-Bernal retiraron airadamente de la mesa toda "oferta" de distensión.

LA RUEDA BÉLICA SIGUE SU CURSO

Entre "Larráinzar V" y "Larráinzar VI" las cosas cambiaron de manera importante. El cerco político que el gobierno y sus delegados en San Andrés habían logrado imponer al zapatismo entre los meses de febrero y mediados de agosto de 1995 fue roto por una voluntad que vino desde abajo y desde muchas partes: la de un millón 300 mil hombres y mujeres de México —y el mundo— que expresaron su palabra en la consulta independiente más original y relevante de que se tenga memoria. Fue en tales condiciones que se logró llegar a "Larráinzar VI" (septiembre de 1995), donde la Cocopa adquiere el compromiso de impulsar la participación del EZLN en el diálogo nacional para la reforma del Estado. También se establecen fechas y condiciones para el inicio de la Mesa de Derechos y Cultura Indígena. Una luz tenue pero fija empieza a verse del otro lado del túnel.

La Mesa de Derechos y Cultura Indígena despliega sus tres fases entre octubre de 1995 y enero de 1996, y no sin significativos tropiezos se llega finalmente a la firma de tres documentos de acuerdo entre las partes. Algún optimismo se cuela en el ambiente y no pocos piensan que el espíritu de Iruegas se ha ido para siempre. Pero la rueda de la guerra ha seguido implacable su curso. En diciembre de 1995, entre la fase II y la fase III de la Mesa de Derechos y Cultura Indígena, se inicia un operativo militar de hostigamiento y cerco sobre la comunidad de Oventic que prende el foco rojo. Antes, y en diferentes momentos, unidades militares fuertemente armadas transitan por La Realidad. Será también en diciembre cuando Del Valle da a conocer a la nación la novísima estrategia de "la reducción y el achicamiento". Tales provocaciones sólo son la manifestación más evidente de un proceso de militarización prácticamente total de La Selva y de Los Altos. Sesenta mil efectivos del ejército se asientan en campamentos múltiples que se extienden en una superficie superior a los 20 mil kilómetros cuadrados, y transitan sin voluntad de espera ya sea en Las Cañadas, o en Oventic y San Andrés Larráinzar, o en las fronteras de los Montes Azules. La ocupación miliar es parte de una guerra en la que juegan a la vez el hambre, las guardias blancas y los grupos paramilitares, así como los novísimos programas emergentes de salvación que, en acciones oficiales de visita relámpago, riegan (prometen) recursos multiplicados entre las tierras yermas.

El diálogo de San Andrés es boicoteado por la delegación gubernamental en el inicio de su segunda mesa (Democracia y Justicia), al imponer lo que en otro lugar denominamos la "dictadura del silencio". La segunda fase de la misma mesa de trabajo ofrece resultados anémicos, poco útiles para llegar a tejer posibilidades de acuerdo en la Plenaria (que se realizaría el próximo 5 de junio). Pocos días después de esta segunda fase, un juez menor de algún lugar de la patria condena a Elorriaga y Entzin, respectivamente, a 13 y 6 años de prisión... por terroristas.

Suplemento Enfoque de *Reforma,* 2 de junio de 1996

RUPTURA DEL DIÁLOGO
Y CONTINUACIÓN
DE LA GUERRA (1996-1997)

Carranzazo

Si las diferencias que existen entre el documento del Ejecutivo y el que presentó a las partes la Comisión de Concordia y Pacificación (Cocopa) —y que aceptó el EZLN— para la reforma constitucional sobre derechos y cultura indígena se reducen a simples problemas de redacción, como planteó Héctor Aguilar Camín en su último artículo ("La hora de la Cocopa", *La Jornada*, 13 de enero), ¿por qué el gobierno se obstina en cambiar, limitar, limar, o simple y llanamente extirpar de los acuerdos de San Andrés (del documento de Cocopa) una serie de conceptos, definiciones o ideas que a su contraparte le parecen esenciales? No sin duda porque el gobierno no tenga "buenos redactores", sino porque las diferencias establecidas sí son profundas; porque las "correcciones" gubernamentales a su propia palabra en San Andrés sí son significativas.

¿Que son sinónimos o intercambiables los términos "usos y costumbres" (documento del Ejecutivo) y "sistemas normativos internos" (acuerdos de San Andrés-documento Cocopa)? y ¿que es igual hablar de "homologación" (documento de Ernesto Zedillo) que de "convalidación" (documento San Andrés-Cocopa) para referirse a la forma en que deberán articularse los sistemas normativos internos y el derecho procesal mexicano? Ello para sólo mencionar unos cuantos de los términos, formulaciones y conceptos con los que el gobierno quiere dar gato por liebre al movimiento indígena nacional. Pero, ¿Y lo que falta?, ¿y lo que ha sido borrado de los acuerdos de San Andrés (y del documento de la Cocopa)? Como ejemplo está la ausencia de una definición de territorialidad —que el gobierno debe-

163

ría aceptar sin dudas pues se trata de la definición ya avalada del Convenio 169 de la OIT— en el plano de los derechos constitucionales de los indígenas, o la eliminación llana del planteamiento de remunicipalización, etcétera.

Y los galimatías y "candados" jurídicos de los que está lleno el documento presidencial, ¿son también problemas de redacción? ¿Qué quiere decir aquello de que las comunidades podrán asociarse libremente siempre y cuando se respete la "división político-administrativa en cada entidad federativa"? ¿Por qué aceptar un derecho general para luego restringirlo a leyes locales que "definirán los casos" en que dicho derecho pueda ser aplicado, como en el artículo 18, referido a la posibilidad de que los indígenas puedan compurgar sus penas preferentemente en los establecimientos más cercanos a su domicilio; o en el caso del derecho a aplicar "sus normas, usos y costumbres en la regulación y solución de sus conflictos internos"?

Estos y otros tantos elementos muestran con absoluta claridad que el asunto es serio, y que se trata no de una confusión, malos entendidos o problemas derivados del "teléfono descompuesto", no de la diferencia de "calidad" o entendimiento de los "redactores" de las partes, sino de un nuevo intento del gobierno para "achicar" y vencer al zapatismo, en la línea simple de abortar la posibilidad de todo acuerdo o reforma constitucional o, lo que es aún más probable, hacer algo parecido a lo que hizo el gobierno de Venustiano Carranza con la ley del 6 de enero de 1915: traicionar el sentido de las leyes de Zapata; "simular otorgar derechos que niega expresamente" (Dictamen del EZLN al documento presentado por el Ejecutivo Federal, *La Jornada*, 12 de enero), para enfrentar al movimiento indígena nacional y buscar —de nuevo— una derrota político-militar del EZLN.

¿No queda claramente dibujada dicha intención en los más recientes comunicados de la Secretaría de Gobernación? ¿No es ésta la lógica de las acciones "indigenistas" más recientes con relación a los yaquis? ¿No se delinea tal jugada en la "buena fe" gubernamental mostrada en la liberación reciente de los presuntos zapatistas presos de Yanga, llevada a cabo con precisión cirujana en tiempo y obra, de cara al empantanamiento o crisis del diálogo de Chiapas?

Por desgracia, el asunto no quedará zanjado —como supone Aguilar Camín en el artículo ya referido— con el hecho de que la Cocopa asuma plenamente su documento original y lo lleve ante el Congreso, para hacerlo competir allí con lo que sería ahora la iniciativa presidencial (¿cuál de las dos propuestas ganaría? adivine usted, estimado lector). Ciertamente con ello la Cocopa salvará su alma (así lo creerán en todo caso los legisladores implicados), pero de seguir este camino estará aceptando simple y llanamente que lo que se hizo en San Andrés no tuvo la calidad de una negociación, sino sólo la de una "consulta" que, confrontada con otras, tiene que pasar la prueba de la trituradora legislativa.

La Cocopa tiene sin duda que defender su propio documento de reforma, pero no sólo ello: tiene, a la vez, que señalar o evidenciar que el gobierno pretende traicionar su propia firma de los acuerdos de San Andrés y con ello el sentido y naturaleza del diálogo, pues el presupuesto y acuerdo básico de la negociación era "llevar los resultados del diálogo a las instancias de debate y decisión nacional" y no las ideas, opiniones o propuestas —por separado— de cada una de las partes.

15 de enero de 1997

165

Alcances de los acuerdos de San Andrés

La dimensión y los alcances del debate y los acuerdos de San Andrés. El 16 de febrero de 1996, en la comunidad indígena de San Andrés Sacamch'en, Chiapas, se firmó un documento histórico entre los representantes del gobierno federal y el Ejército Zapatista de Liberación Nacional: los Acuerdos sobre Derechos y Cultura Indígena, primeros de una serie que llevaría en 1997 a la firma de un acuerdo definitivo de paz.

Para llegar a signar los acuerdos se desarrolló una discusión que se extendió durante cuatro meses y medio. En ese lapso los periódicos nacionales y locales gastaron planas enteras en el debate y revistas de todo color dieron prioridad al tema. Radio y televisión hicieron reportajes, debates, mesas redondas, comentarios, programas especiales. Una "consulta nacional" organizada por el gobierno —con todo y ser diseñada para ahogar las posiciones indígenas en San Andrés— mostró hasta dónde las posiciones del mundo indígena en México señalaban decidida y claramente hacia los mismos rumbos. En resumen, puede decirse que no ha habido en la historia del país un debate-negociación-consulta de tal magnitud, profundidad, alcances.

Pero Ernesto Zedillo dijo NO a su propia palabra y a los resultados de este debate-negociación-consulta sin precedentes, once meses después de que sus representantes Bernal y Del Valle estamparan sus firmas en los acuerdos; dijo NO a un documento de la Cocopa donde los acuerdos de San Andrés se expresaban en formulaciones precisas de reformas constitucionales.

Entre otros "ajustes" planteó que eso de "sistemas normativos internos" era demasiado fuerte y habría que cambiarlo a "usos y costumbres"; le espantó el derecho de los pueblos indios para que pudieran "acceder de manera colectiva al uso y disfrute de los recursos naturales de sus tierras y territorios, entendidas éstas como totalidad de un hábitat que los pueblos indígenas usan u ocupan, salvo aquellos cuyo dominio directo corresponde a la nación"; le molestó la idea de que en el nivel constitucional quedara delimitado el respeto al "ejercicio de la libre determinación de los pueblos indígenas en cada uno de los ámbitos y niveles en que hagan valer su autonomía, pudiendo abarcar uno o más pueblos indígenas, de acuerdo con las circunstancias particulares y específicas de cada entidad federativa"; también le crispó los nervios la formulación sanandresiana-Cocopa de que: "En los municipios, comunidades, organismos auxiliares del ayuntamiento e instancias afines que asuman su pertenencia a un pueblo indígena, se reconocerá a sus habitantes el derecho para que definan de acuerdo con las prácticas políticas propias de la tradición de cada uno de ellos, los procedimientos para la elección de sus autoridades o representantes y para el ejercicio de sus formas propias de gobierno interno, en un marco que asegure la unidad del Estado nacional" (etcétera, etcétera).

¿Qué hay detrás de esta actitud del Ejecutivo? ¿Su contrapropuesta frente a la de la Cocopa remite, como señalan sus "asesores constitucionalistas", a problemas secundarios o a "simples cuestiones a redacción"? Definitivamente no. Se trata de echar por la borda los acuerdos de San Andrés, con todo y las flamantes firmas de Bernal y Del Valle. ¿Por qué? Hay diversos factores que por cuestiones de espacio no cabe revisar. Pero todos ellos basculan sin lugar a dudas en torno al sentido, profundidad y alcances de los propios acuerdos de San Andrés, formulados por la Cocopa en términos de reformas constitucionales.

La cuestión de la unidad nacional, la autonomía y la balcanización. No es la balcanización que supuestamente se derivaría de los acuerdos de San Andrés Sacamch'en lo que preocupa al Poder Ejecutivo, pues Ernesto Zedillo y sus asesores constitucionalistas saben que tales acuerdos no pretenden algo que se asemeje siquiera a una idea de segregación, separatismo, construcción de un cuarto poder u otra cosa parecida.

Lo que realmente preocupa al equipo gobernante es que, de aprobarse, el concepto de autonomía y los demás lineamientos ganados por el movimiento indígena nacional y el EZLN en febrero de 1996 modificarían no sólo "la relación entre los pueblos indios y el Estado"; también incidirían en las maneras generales de operación —y de comprensión— de la cosa pública; modificarían la consistencia y naturaleza de las redes o tejidos intersubjetivos que hacen valer la idea o el concepto y ser del sujeto ciudadanía; influirían, en fin, en las formas de articulación —y comprensión— de los medios y mecanismos de representación política sobre los que se levanta la actual estructura del poder estatal.

Pluriculturalidad no culturalista. Un primer aspecto, esencial en los acuerdos de San Andrés (y en la propuesta e la Cocopa) es el reconocimiento a la libre determinación de los pueblos indígenas y, como expresión de ésta, a la autonomía "como parte del Estado mexicano". Ello da sustento real a la idea de pluriculturalidad —quita a dicho concepto su sentido culturalista—, y plantea una línea de rearticulación de la unidad nacional desde lo diverso.

En esta perspectiva, la autonomía es un concepto esencialmente integracionista, no segregacionista.

Pero hace ruido por el sentido en que proyecta la línea de (re)integración, a saber: romper con toda lógica homogenizante, perspectiva desde la que el sujeto o los sujetos sociales (sociedad, sociedad civil, etc). no es o no son pensados como tejido(s) de intersubjetividades (obviamente diversas y vitalizadas por su propia interacción), sino como nudos de un cuerpo de existencia mecánica, cuya reproducción es regulada desde afuera, por el mercado.

La sociedad que se organiza: ¿sólo de ciudadanos solos? La sociedad que se afirma o reafirma a partir de este proceso de (re)integración nacional no es una simple suma de individuos, dentro de la tendencia ya referida a la homogenización, sino una relación tejida de individuos y grupos o sujetos colectivos a los que se les reconocen derechos individuales y colectivos.

Por ello es que en la propuesta de la Cocopa (que recoge los acuerdos de San Andrés) se habla de la libre determinación —y de la autonomía como expresión de ésta— como "derechos de los pueblos indios", y de la posibilidad de que a partir del reconocimiento de dicho derecho éstos: a) decidan sus formas de convivencia y de organización; b) apliquen sus sistemas normativos en la regulación y solución de conflictos internos; c) elijan a sus autoridades y ejerzan sus formas de gobierno interno; d) fortalezcan su participación y representación política; e) accedan de manera colectiva al uso y disfrute de los recursos naturales de sus tierras y territorios, entendidas éstas como la totalidad del hábitat que los pueblos indígenas usan y ocupan; f) preserven y enriquezcan su cultura e identidad; g) adquieran, operen y administren sus propios medios de comunicación (propuesta de la Cocopa, en la que se recogen los acuerdos de San Andrés).

Sistemas normativos y formas de gobierno indígenas. La idea de la articulación de lo diverso se expresa con toda claridad en dos líneas de los acuerdos de San Andrés que se recogen en el documento de la Cocopa: la posibilidad de que sus sistemas de regulación y solución de conflictos internos puedan ser articulados a los sistemas normativos de nivel federal; en la posibilidad de que los pueblos indígenas puedan definir, "de acuerdo con las prácticas políticas propias de la tradición de cada uno de ellos, los procedimientos para la elección de sus autoridades o representantes y para el ejercicio de sus formas propias de gobierno interno, en un marco que asegure la unidad del Estado nacional" (punto X del documento de la Cocopa).

Rehacer el rompecabezas. Es decisiva en los acuerdos de San Andrés (y en el documento de la Cocopa) la idea de que el ejercicio de la libre determinación no debe restringirse a comunidades aisladas, sino establecerse en el ámbito de "uno o más pueblos indígenas, de acuerdo con las circunstancias particulares y específicas de cada entidad federativa". En esta perspectiva, las comunidades, como entidades de derecho público, estarían en condiciones de concertar acciones para asociarse libremente por objetivos o intereses culturales, políticos o de desarrollo.

La (re)articulación de la unidad nacional desde lo diverso planteada por los indígenas se basa en una idea particular de distribución estatal de poderes y funciones, muy diferente a la que distingue al actual proceso de desconcentración o descentralización promovida desde los actuales poderes gobernantes (ésta sí tiende a segregar o balcanizar al país por la vía de transnacionalizar sus partes o regiones en beneficio de la "globalización").

Es más: la idea autonómica derivada de los acuerdos de San Andrés no presupone en realidad esquema alguno de descentralización (derivar o desplazar poderes y funciones preexistentes de un centro a la periferia), sino una propuesta de recomposición del cuerpo nacional (económico, político, social) desde sus comunidades, municipios y regiones.

Por ello el esquema de cambios se enmarca en el establecimiento de una nueva relación entre el Estado y los pueblos indígenas, y en ideas o propuestas de reconstrucción desde sujetos sociales consistentes (como los pueblos indígenas). Por ello también cobra particular relevancia la idea o propuesta ya referida de la relación o articulación intercomunitaria, o la que define las posibilidades de la remunicipalización (en el documento de la Cocopa: "... Las Legislaturas de los Estados podrán proceder a la remunicipalización de los territorios en que estén asentados los pueblos indígenas, la cual deberá realizarse en consulta con las poblaciones involucradas").

A manera de colofón. El zapatismo llevó a la Mesa 2 de los diálogos de San Andrés (Democracia y Justicia) lo central de estas propuestas plasmadas en los acuerdos de febrero de 1996, desarrollándolas o "desdoblándolas" en todas sus consecuencias dentro del nuevo ámbito temático de las conversaciones. Fue en este ejercicio —abortado por el gobierno— donde se pudo mostrar con toda claridad hasta dónde los acuerdos primeros de San Andrés sobre Derechos y Cultura indígena abrirían la puerta a cambios sustantivos en otros terrenos de la vida social y política de México.

Se esbozó con ello un posible centralidad de lo indígena ("Lo marginal al centro", dijo Monsiváis) no sólo en el proceso de construcción de un nuevo programa democrático, sino en la articulación efectiva de fuerzas sociales heterogéneas que luchen deveras por un México democrático. Y ello para ganar, no más para dejar constancia.

Suplemento Ideas de *Excélsior*, 28 de enero de 1997

Indígenas y soberanía

Jaime Avilés aporta nuevos elementos para entender la contradicción actual entre el Ejecutivo y la Cocopa (que es a la vez la contradicción entre el Ejecutivo y los acuerdos de San Andrés Larráinzar) en torno al asunto de las reformas constitucionales en materia indígena. También nos da claves para entender la dimensión y las profundidades de la guerra social y política del fin de siglo, que mala y equivocadamente ha sido concebida por algunos sólo o fundamentalmente como un conflicto negociable o "transitable" en los planos electorales.

En su última entrega de "El tonto de pueblo" (*La Jornada*, 1 de febrero) rebela el contenido de un ambicioso "Proyecto de Plantaciones Forestales Comerciales de la Empresa Desarrollo Forestal, S.A. de C.V." —presentada en su versión final en noviembre de 1994—, cuyo objetivo es producir "madera aserrada y material celulósico" en plantaciones de eucalipto que se extenderían sobre 300 mil hectáreas de los estados de Tabasco, Campeche y Chiapas, en un volumen de 6 millones de metros cúbicos al año, cantidad aproximada a la de la actual producción maderera nacional. Esta producción maderera sería vendida a las empresas estadunidenses Simpson Paper y Louisiana Pacific, y exportada "mediante ferrocarril construido por ellas para unir las plantaciones con el puerto de Dos Bocas, en el Golfo de México".

Las reformas al artículo 27 constitucional operadas por el salinismo dan el sentido de la viabilidad del proyecto: la empresa privada se uniría a los "propietarios de terrenos" (comunidades indígenas) mediante "sociedades en comandita por acciones", dentro de las cuales "los socios comanditados o tenedores de terrenos serán los actuales propietarios de las tierras y tendrán las acciones de la serie "T", así como "derecho de anticipo de utilidades", para lo cual "se establecerá un contrato de asociación en participación, en el cual los tenedores de la tierra aportarán el derecho al uso de la misma". Pero no son sólo tales reformas de 1992 las que permiten o favorecen el proceso: el gobierno requiere rechazar o desmontar la reforma constitucional convenida en San Andrés Larráinzar, pues el reconocimiento actual de derechos colectivos para los pueblos indios resulta una traba social, política y económica básica para hacer avanzar la privatización y la transnacionalización de un espacio que adquiere un valor económico potencial sin precedentes.

Rebelación de Avilés es también el hecho de que importantes funcionarios del gobierno de Zedillo, ayer con puestos claves en el de Salinas, están implicados en proyectos como el referido, y no sólo como operadores sino como reales o potenciales beneficiarios capitalistas.

¿Cuántos proyectos más de esta naturaleza se encuentran trabados por la actual movilización indígena encabezada por el zapatismo? Cabe adelantar algunas hipótesis sobre el asunto:

1. El proyecto indígena de Zedillo es transexenal y trasnacional, y está comprometido con la idea de "reservar" a los indios en áreas limitadas y vigiladas, para que las grandes empresas privadas y sus socios gubernamentales controlen y gestionen por una u otra vía el espacio económico significativo.

2. La otra cara de esta estrategia para la formación de "reservas" indias es la disolución del o de los cuerpos indígenas consistentes (pueblos indios), para "aflojar" todos los lazos que los ligan a la tierra y a sus condiciones de producción. Una política social asistencialista, dirigida al individuo pobre o pobrísimo —focalización— y "a la familia", como la que en filosofía y líneas básicas está copiada del Pronasol (de nueva cuenta, de la era de Salinas), es la que se ajusta a los proyectos de desarrollo referidos. El complemento es la militarización del espacio.

3. En tales perspectivas, la derrota político-militar del EZLN se convierte en un punto de primerísimo orden en los planes del gobierno, pues éste es el corazón actual del movimiento indio y civil que mantiene las líneas fundamentales de dicha resistencia. La "operación quirúrgica" se vuelve así "costo que hay que pagar", pues los cálculos de rentabilidad son a 500 años.

La Jornada, 4 de febrero de 1997

La ruta de la guerra

El fracaso de la batida militar contra los insurgentes de la selva en febrero de 1995 marcó el fin de una fase de la guerra de Chiapas y el inicio de otra. Derrotada la vía del "descabezamiento", los mandos de inteligencia del gobierno pusieron su resto en construir una filigránica estrategia de combate contra la población civil de la zona de conflicto, ya para entonces a todas luces "parte del problema" y, como tal, imposible de vencer por la acostumbrada vía de los cañonazos pronasoleros.

Entre febrero y julio de 1995 se abonó el terreno de la nueva etapa contrainsurgente, mientras Gustavo Iruegas y compañía pretendían convencer a los representantes del EZLN en los primeros diálogos de San Andrés (de "Larráinzar I" a "Larráinzar V") que se rindieran. Fue en agosto "cuando los gobiernos federal y estatal acordaron su actual estrategia antizapatista" (*subcomandante Marcos*, comunicado del EZLN sobre "las investigaciones del CCRI", *La Jornada*, 28 de diciembre de 1997). Entonces comenzó la guerra que ahora se vive en Chenalhó.

Desde julio de 1995 hubo importantes "reacomodos" del Ejército en la Selva Lacandona y en Los Altos, mientras en una revista de circulación nacional se anunciaba la espectabular aparición del libro de Carlos Tello Jr. sobre "la rebelión de las Cañadas", donde con información clasificada del Ejército se daban pelos y señales de las redes sociales y políticas construidas durante años por los insurgentes.

Los cuchillos terminaron de afilarse cuando fracasó la estrategia "dialogante" del embajador Gustavo Iruegas, quien pensó posible convencer al zapatismo de que era mejor rendirse a tiempo que sobrellevar el terrible peso de una guerra de seguro más corta que larga y de improbables victorias. Por ello fue que entre abril y julio de 1995 la delegación gubernamental puso sobre la mesa de San Andrés la denominada propuesta de "distensión por aproximación", consistente en agrupar a los miembros del EZLN en zonas específicas dentro de la selva. En la idea irueguista, el Ejército federal asentaría sus campamentos en siete rutas que cruzarían todo el territorio del conflicto, con plena libertad de movimiento para cumplir sus "funciones de vigilancia y sus necesidades de avituallamiento". El colmo de la generosa oferta de los delegados oficiales fue cuando adelantaron la especie de que en dicho marco los miembros del EZLN se convertirían en "cuidadores del orden público local, con el compromiso de observar la ley, de informar de presuntos hechos delictivos, y en su caso, de poner en disposición de las autoridades competentes a los presuntos responsables"...

Cuadricular la selva para constituir espacios cerrados de reservacion para los rebeldes; dejarles, por no dejar, algunas armas para cuidarse de sí mismos; enjaular los afanes comunitarios de los pobladores de la zona; emplear a algunos de los mandos medios y altos del EZLN para volverlos servidores públicos al servicio de la justicia estatal, tan eficiente y limpia; regalarles a granel migajas pronasoleras para dar de comer a las lombrices. Tal fue el pasaporte que se ofrecía al zapatismo para dejar el monte.

Pero el EZLN dijo no a la rendición abyecta. ¿De qué había que pedir perdón? ¿Por qué tendrían que rendirse? A contrapunto, abrieron la consulta nacional e internacional en la que un millón 300 mil personas respondieron con un sí a la propuesta zapatista. Era agosto de 1995. Fue cuando se abrió la nueva fase de guerra en el estado de Chiapas.

Iruegas se fue de las negociaciones de San Andrés y entraron al quite Marco Antonio Bernal y Jorge del Valle. El nuevo equipo flexibilizó formalmente su posición para dar paso al proceso de discusiones que, desde "Larráinzar VI", abrió la

Mesa de Derechos y Cultura Indígena que llevó a la firma de los "Acuerdos de San Andrés", el 16 de febrero de 1996. Viejo truco: fintar con la izquierda para golpear con la derecha.

Mientras los negociadores gubernamentales pretendían poner una cara amable en el momento de la firma, alrededor de 60 mil efectivos del Ejército federal asentaban sus reales en una superficie superior a los 20 mil kilómetros cuadrados, entre Los Altos y la Selva. Se preparaba ya aceleradamente a diversas bandas paramilitares.

El grupo gubernamental responsable de las negociaciones de San Andrés se reforzó con la presencia de los polizontes del gobierno del estado y de asesores ex guerrilleros o ex izquierdistas deseosos de mostrar sus habilidades intelectuales y políticas para la contrainsurgencia.

El tiempo del desquite se instaló con la apertura de la Mesa II del diálogo de San Andrés ("Democracia y Justicia"), cuando en su primera fase la delegación oficial impuso lo que en otro lugar y en su momento denominamos "la dictadura del silencio". Ya en diciembre de 1995 el señor Del Valle había caracterizado la nueva fase como de "achicamiento" del EZLN y "aliados", mientras efectivos del Ejército pretendían barrer las instalaciones de "Aguascalientes II" en Oventic.

En la segunda y tercera fases de la Mesa de Democracia y Justicia la delegación gubernamental apuesta "más al desgaste de su contraparte que a la celebración de acuerdos"; pretende el "acorralamiento y la negociación bajo presión, muy similtar a los cánones propuestos por los manuales tradicionales de la lucha antiguerrillera"; focaliza "la solución de la problemática global en el aislamiento y la derrota del EZLN, con todos los riesgos que ello entraña" (Jaime Martínez Veloz, *La Jornada*, 19 de mayo de 1996). Y aborta en definitiva el proceso de negociación cuando un juez menor condena a Javier Elorriaga y Sebastián Entzin, a 13 y seis años de prisión... por terroristas.

De agosto de 1996 a diciembre de 1997 lo que sigue es el rudo camino de la guerra. El rechazo gubernamental a aceptar lo que había firmado en San Andrés se vuelve ley de hierro en todos los órdenes y niveles del gobierno. La zona norte de

Chiapas se convierte en el laboratorio macabro de lo que a finales del periodo se llevará a cabo a ciencia y a conciencia en Chenalhó. Paz y Justicia cobra al Pronasol por sus servicios y de Los Chorros y otras áreas de Los Altos se prepara a los "elegidos" para llevar a cabo el genocidio.

La Jornada, 4 de enero de 1998

Chiapas: la guerra global

No veo incongruencias, titubeos o contradicciones significativas en la actual política gubernamental frente a Chiapas. En mi opinión, el camino escogido por el gobierno de Zedillo hacia el conflicto chiapaneco es el de la destrucción —aquí y ahora— de la fuerza y la esperanza zapatistas, en el marco de una nueva ofensiva que combina "mano suave y dialogante" para consumo de la opinión pública e internacional con una intervención directa y envolvente del Ejército y fuerzas paramilitares dispuestas a tocar el fondo de la selva. Otra cosa es que lo logren; pero van para allá en caballo de hacienda.

Por ello discrepo de cabo a rabo de la opinión de Jaime Martínez Veloz aparecida en *Proceso* de la semana pasada, quien ve en el fracaso de la vía negociadora frente a Chiapas la mano negra de un secretario de Gobernación (Chuayffet) que se enfrenta y gana en magistral partida ajedrecística —llena de golpes bajos y de manipulaciones diversas— a un presidente bueno pero mal informado, sensible pero solitario, deseoso de resolver el problema pero lento para el aprendizaje y para comprender el significado preciso de la firma de sus representantes directos en los Acuerdos de San Andrés.

Los "aciertos" que Néstor de Buen (*La Jornada*, 11 de enero) ve en las más recientes medidas presidenciales frente al conflicto (la "renuncia" de Ruiz Ferro y la de Emilio Chuayffet, con sus correspondientes nombramientos sustitutos, entre otros) —justamente desde la valoración que hace de la entrevista referida de Martínez Veloz— caminan en sentido contrario a la vía de la paz que el EZLN y la sociedad demandan, pues se dan en el marco de una nueva ofensiva militar que incluye incursiones hasta no ensayadas por el Ejército, un nuevo intento por destruir la labor pacificadora de don Samuel Ruiz y del obispo coadjutor Vera, declaraciones del nuevo secretario de Gobernación que colocan el punto de las negociaciones con los zapatistas en su nivel anterior a las pláticas de San Andrés, y defeciones políticas de Ernesto Zedillo que, como la más reciente "basta de obstruir la acción del gobierno en Chiapas" (*La Jornada*, 10 de enero), se dirigen a capitalizar la grave situación de los miles de desplazados para crear una nueva manera —complementaria a la fuerza militar, no su opuesto— de intervención gubernamental en el conflicto (la vía de la migaja, ensayada por el Pronasol, ahora bajo el rótulo de participación "emergente" y humanitaria).

Pero, ¿por qué habría de pagar el presidente Zedillo los costos políticos de una nueva estrategia de acoso y de aniquilamiento de la fuerza y de la esperanza zapatista? "Por razones de Estado", le dirían en su momento a Martínez Veloz cuando le explicaron que los priistas de la Cocopa debían defender las posiciones del Ejecutivo para echar abajo los acuerdos sanandresianos. Y las razones de Estado se ubican muy claramente en por lo menos dos niveles de definición estratégica:

a) La necesidad de destruir uno de los núcleos sociales y políticos de resistencia de mayor fuerza y capacidad de irradiación nacional e internacional contra el neoliberalismo y las actuales políticas de Estado, justamente ahora que se prepara el camino hacia las elecciones del 2000 pasando por la estación intermedia de los comicios locales de los próximos meses en 15 entidades federativas.

b) El deseo —y también la "necsidad"— de responder a exigencias políticas de un núcleo de fuerzas (financieras y de la vieja aristocracia del priismo, lidereados hoy por el bloque de los gobernadores "salinistas") que tomó nuevo aliento y adquirió una enorme capacidad de acción política y de maniobra después del colosal golpe político que el cardenismo le infligió en las elecciones federales del pasado 6 de julio.

Esta última realidad ha sido subestimada o simplemente ignorada por algunos analistas que viven aún la "borrachera democrática" del 6 de julio o la que empezó unos meses antes para algunos con las reformas a la legislación electoral. Recordemos que no pocos articulistas (ver por ejemplo los artículos sobre el asunto en cuestión aparecidos en la revista *Nexos* de agosto del 97) creyeron que aquellas reformas y los resultados electorales del mes de julio anunciaban nuestra entrada definitiva y sin retorno a un sistema poliárquico.

La realidad mexicana de hoy en día empieza a sugerir una idea diferente: los resultados electorales del 6 de julio generaron claras opciones y vías para avanzar en un sentido democrático en algunas áreas y espacios del sistema político, pero fue a la vez el acontecimiento que galvanizó y dio nuevas capacidades de acción y de chantaje político a las fuerzas más reaccionarias del país, apoderadas desde entonces de un timón de mando que el presidente dice y pretende conducir.

La Jornada, 12 de enero de 1998

MOMENTOS DE LA LUCHA ZAPATISTA

1994

1. En la madrugada del 1 de enero de 1994 el Ejército Zapatista de Liberación Nacional (EZLN) toma la palabra a través del uso de las armas. La movilización se extiende en horas sobre diversos puntos de Los Altos y La Selva, en el estado de Chiapas. El EZLN da a conocer al mundo la (Primera) Declaración de la Selva Lacandona. Los enfrentamientos armados se extienden hasta el 12 de enero, día en que el gobierno decreta un "cese al fuego unilateral" para abrir un espacio de diálogo. Las acciones de la sociedad civil nacional e internacional han sido determinantes para parar temporalmente la guerra.

2. Del 20 febrero al 2 de marzo se da el primer diálogo entre el gobierno y el EZLN, en la Catedral de la ciudad colonial de San Cristóbal de las Casas. Se ponen sobre la mesa las exigencias zapatistas. ¿Quieren el poder?, No: quieren trabajo, tierra, techo, alimentación, salud, educación, independencia, libertad, democracia, justicia y paz.

   Del 2 de marzo al 10 de junio los zapatistas llevan a consulta de las comunidades de La Selva y de Los Altos los resultados de las pláticas de la Catedral de San Cristóbal. Las comunidades consideran que lo que ofrece el gobierno no cumple las exigencias mínimas de su lucha. El EZLN lanza entonces la Segunda Declaración de la Selva Lacandona, encabezada con un "!no nos rendiremos!".

3. Del 10 de junio al 6 de agosto se da un diálogo intenso entre

el EZLN y distintas vertientes, sectores, núcleos o agrupamientos de la denominada sociedad civil, de cara a la realización de la Convención Nacional Democrática. Ésta se lleva a cabo con buen éxito entre los días 6 y 8 de agosto en "Aguascalientes", espacio cultural y de reunión que los zapatistas construyeron a un lado de la comunidad Guadalupe Tepeyac. Asisten 6 mil personas de todo el país.

1995

4. El 15 de enero de 1995 los zapatistas se reúnen con representantes del gobierno federal para discutir y acordar medidas de distensión y alejar el peligro "de choques armados entre ejércitos". Pero el 9 de febrero el Ejército federal entra a los territorios zapatistas de La Selva y de Los Altos. Poblaciones enteras se repliegan hacia lo más profundo de la selva. El operativo militar fracasa en su objetivo de aprehender o asesinar a la dirección del EZLN, pero rompe las líneas que desde el cese al fuego de 1994 delimitaban el territorio zapatista. El Ejército federal también destruye "Aguascalientes".

5. Después de su repliegue, el EZLN conquista un nuevo espacio de diálogo. El 9 de abril de 1995, en la comunidad de San Miguel, municipio de Ocosingo —"el centro del triángulo de mayor militarización de la selva lacandona"—, se reiniciaban las negociaciones entre los zapatistas y la representación del gobierno federal. Varios meses de discusión llevan al fin a poner sobre la mesa los temas sustantivos.

6. En agosto el EZLN lleva a cabo una consulta para preguntar al pueblo de México si está o no de acuerdo en que éste se convierta en una fuerza política, en que se cumplan las demandas por las que se levantaron en armas, y en la necesidad de transformar a fondo el sistema de partido de Estado. Alrededor de un millón trescientas mil personas

participan con su opinión en el proceso. La misma consulta se lleva a cabo en otras partes del mundo. En la consulta internacional participan 81 775 personas de 47 países de los cinco continentes.

7. Reunidos en Brescia, Italia, los días 1, 2 y 3 de septiembre, activistas alemanes, austriacos, suizos, españoles, griegos e italianos discutieron en mesas de trabajo la experiencia del movimiento zapatista.

8. En diciembre de 1995 las comunidades zapatistas terminan la construcción del "Aguascalientes II" en Oventic, como punto de reunión entre indígenas de la región y del país y entre éstos y los sectores de la sociedad civil que comulgan con los afanes transformadores del zapatismo. Centro cultural, político o de intercambio comunitario, el nuevo Aguascalientes es también símbolo de paz y convivencia frente a las acciones represivas del Ejército. Las comunidades zapatistas construyen simultáneamente otros cuatro "Aguascalientes".

1996

9. En el diálogo entre el EZLN y el gobierno federal se aborda el tema de los derechos y la cultura indígena, y no sin importantes tropiezos se llega a la firma de los primeros acuerdos, firmados el 16 de febrero en la comunidad de San Andrés Larráinzar.

10. Los acuerdos de San Andrés no impiden que la militarización de la zona del conflicto siga su curso. En diciembre de 1995 se había iniciado un operativo del Ejército contra la comunidad de Oventic. En diferentes momentos, unidades militares fuertemente armadas transitan por la comunidad La Realidad, lugar de encuentros diversos entre la Comandancia General del EZLN y diversos actores sociales y políticos. En abril de 1996 se calculaba la existencia de 60 mil efectivos militares en el espacio de La Selva y de Los Altos.

11. La segunda mesa de diálogo entre el EZLN y el gobierno, sobre el tema "Democracia y Justicia", mostró desde un principio que no tendría posibilidades de éxito. El gobierno había optado ya por mantener la guerra de baja intensidad contra las comunidades indígenas. Con todo, el EZLN presentó en esta Mesa sus propuestas fundamentales sobre el tema, no sin antes convocar y llevar a cabo el "Foro Nacional para la Reforma del Estado", a la que asistieron las fuerzas más representativas del movimiento democrático del país.

12. Antes de que culminara la tercera y última fase de de Mesa de Democracia y Justicia, un juez sentenciaba a Javier Elorriaga y a Sebastián Entzin, ligados al zapatismo, a varios años de cárcel "por terrorismo". El hecho fue toda una provocación. En septiembre el EZLN decide suspeder su participación en el diálogo y pone varias condiciones para reanudarlo, entre ellas la liberación de los detenidos, la desmilitarización de la zona de conflicto y la aprobación constitucional de los acuerdos indígenas de San Andrés.

13. Mientras tanto, el EZLN mantiene su actividad organizativa fuera de sus áreas de influencia directa y participa en la promoción del Congreso Nacional Indígena, realizado entre el 8 y el 12 de octubre en la ciudad de México. También promueve la formación del Frente Zapatista de Liberación Nacional (FZLN), "organismo civil y pacífico" que lucha por la democracia.

14. Los zapatistas tienen en esas fechas una intensa actividad política en el plano internacional, con la realización del "Primer Encuentro Intercontinental por la Humanidad y contra el Neoliberalismo" —más conocida como "La Intergaláctica".

15. El 29 de noviembre la Comisión de Concordia y Pacificación (Cocopa) del Congreso presenta una iniciativa de reformas constitucionales tanto al EZLN como al gobierno federal, basada en los Acuerdos de San Andrés. Los zapatistas avalan la propuesta.

16. En diciembre de 1996 el presidente Zedillo rechaza la pro-

puesta de reformas constitucionales redactada por la Cocopa, traicionando la firma de sus representantes en los Acuerdos de San Andrés.

1997

17. El 11 de enero de 1997 el EZLN declara que la contrapropuesta oficial es "una burla", pues desconoce los acuerdos de San Andrés.
18. Durante los primeros meses de 1997 el presidente Zedillo despliega una intensa actividad proselitista entre pueblos indios de diversas entidades del país con el objetivo de romper los lazos de solidaridad y alianza entre éstos y el zapatismo.
19. Roto el diálogo de San Andrés, y ante la negativa gubernamental a aceptar la propuesta de reformas constitucionales de la Cocopa sobre el tema indígena, el EZLN decide replegarse y guarda silencio. En los meses que siguen su actividad estará centrada en dos ejes fundamentales: la formación de gobiernos indígenas autónomos en los espacios zapatistas de Chiapas y la construcción de redes internacionales contra el neoliberalismo.
20. En marzo se inician las campañas políticas que llevarán a las elecciones del 6 de julio, para renovar el Congreso y nombrar al primer jefe de gobierno de la capital de la República. Cuauhtémoc Cárdenas es el candidato del Partido de la Revolución Democrática a éste último cargo.
21. El día de las elecciones se da una "insurrección pacífica y silenciosa". Una participación masiva en las urnas da el triunfo a Cárdenas en la capital del país. La izquierda avanza significativamente en otra entidades. Con su triunfo, Cárdenas y la izquierda completan y hacen fructificar un ciclo de movilizaciones cívicas y políticas que se desarrollan desde 1994, en las que el zapatismo tuvo un papel fundamental.

22. El "Zapata vive, la lucha sigue" se escuchó en las tierras europeas, con la realización Segundo Encuentro Intercontinental por la Humanidad y contra el Neoliberalismo.

23. El proceso electoral del 6 de julio, "limpio" en lo fundamental en el centro y norte de México, fue manipulado y escandalosamente "sucio" en el sur-sureste. Convulsionada por los procesos de guerra abierta o de baja intensidad que se despliegan desde 1994, la población chiapaneca no quiso o no pudo votar masivamente y el partido gubernamental "arrasó" en los comicios. Algo similar sucede en entidades del centro y sur del país como Oaxaca, Campeche, Quintana Roo, Tabasco, Guerrero y Puebla.

   La situación de excepción que se dio en estos estados del país fue un recordatorio de que el "México bárbaro" sigue imponiendo su huella en los tiempos políticos del fin de siglo.

24. El 12 de septiembre mil 111 zapatistas llegan a la ciudad de México, después de una marcha que se inicia desde la selva chiapaneca. Llegan a exigir el cumplimiento de los acuerdos de San Andrés Sacamch'en y la desmilitarización de Chiapas.

25. El 22 de diciembre de 1997 un grupo paramilitar asesina a 45 refugiados en la comunidad de Acteal, Chenalhó, acción que abre un nuevo ciclo de guerra por parte del Estado contra el zapatismo y las comunidades indígenas de Chiapas.

Se terminó en enero de 1998 en
Imprenta de Juan Pablos, S.A.,
Mexicali 39, México 06100, D.F.
1 000 ejemplares.